FALKEN
BÜCHEREI

Günter Georg

Reden
zum
Ruhestand

Musteransprachen
zum Abschluß
des Berufslebens

FALKEN VERLAG

Von Günter Georg sind im Falken-Verlag außerdem
erschienen:
»Reden zum Jubiläum« (Bd. 595),
»Reden und Sprüche zu Grundsteinlegung, Richtfest
und Einzug« (Bd. 598; zusammen mit Albert Bruder),
»Reden zur Hochzeit« (Bd. 654),
»Reden zu Familienfesten« (Bd. 675),
»Reden im Verein« (Bd. 703),
»Reden in Trauerfällen« (Bd. 736),
»Reden zur Taufe, Kommunion, Konfirmation« (Bd. 751)
und »Reden zum Geburtstag« (Bd. 773).

CIP-Kurztitelaufnahme der Deutschen Bibliothek

Georg, Günter:
Reden zum Ruhestand: Musteransprachen zum
Abschluß d. Berufslebens / Günter Georg –
Niedernhausen/Ts.: Falken-Verlag, 1986.
    (Falken-Bücherei)
    ISBN 3-8068-0790-6

ISBN 3 8068 0790 6

© 1986 by Falken-Verlag GmbH, 6272 Niedernhausen/Ts.
Gesamtherstellung: Neuwieder Verlagsgesellschaft mbH,
Neuwied

817   2635   4453   6271

Inhalt

Vorwort

Abschied vom Arbeitsleben: ein zwiespältiges Gefühl für den Betroffenen. Einerseits ist die ersehnte Freiheit vom beruflichen Alltag und Streß endlich da. Andererseits gilt es, sich in einem noch ungewohnten Lebensabschnitt zurechtzufinden, zu lernen, sich in den neugewonnenen Freiräumen wohlzufühlen.

Der Eintritt in den Ruhestand bedeutet Abschied vom vertrauten Arbeitsplatz, von liebgewordener Routine, von menschlichen Kontakten, manchmal auch die Befreiung von als zunehmend belastend empfundenen Zwängen und Pflichten. Ein Abschied mit einem bißchen Wehmut, aber auch einem gewissen Stolz auf die Leistungen eines langen Arbeitslebens. Gleichzeitig aber auch der Beginn eines neuen Abschnitts mit ein wenig Unruhe, manchmal sogar Angst vor dem neuen Lebensrhythmus. Etwas von alledem soll sich widerspiegeln in den Reden, mit denen im privaten Kreise ebenso wie im Betrieb oder im öffentlichen Leben Angehörige, Freunde, Kollegen – manchmal auch Fremde – in den wohlverdienten Ruhestand verabschiedet werden.

Dem Benutzer dieses Buches werden – wie in allen Bänden dieser Reihe – Musteransprachen für die unterschiedlichen Rednerrollen und Redeanlässe angeboten, die er übernehmen, ergänzen oder abändern kann. Wie alle Bücher dieser Serie ist auch dieses so konzipiert, daß die einzelnen Redemuster als Bausteine zusammengefügt werden können.

Die Verwendung von Namen, Orten und Begebenheiten dient lediglich dazu, den Aufbau und den Vortrag einer eigenen Rede erleichtern zu helfen: Alle Ähnlichkeiten sind daher rein zufällig.

Der Eintritt in den Ruhestand ist immer ein besonders wichtiges Ereignis in der Familie, am Arbeitsplatz, im öffentlichen Leben. Eine gelungene Ansprache wird die Bedeutung dieses Tages noch unterstreichen. Mit Hilfe dieses kleinen Buches wird es Ihnen ganz sicher nicht schwerfallen, den »Ruheständler« bei diesem wichtigen Ereignis gebührend zu feiern.

Günter Georg

Einige Hinweise
für Ihre Rede

Nur ganz wenigen Menschen ist es vergönnt, zu jeder Zeit und Gelegenheit sozusagen aus dem Stegreif die passenden Worte zu finden. Wenn Sie selbst nicht zu diesen geübten Rednern gehören, dann sollten Sie bei der Vorbereitung Ihrer Ansprache besser nichts dem Zufall überlassen. Nur so können Sie ganz sicher sein, daß keine unangenehmen Pannen vorkommen. Nur so auch ersparen Sie sich und Ihrem Publikum manchmal höchst peinliche Augenblicke.

Reden zum Ruhestand finden im familiären Kreis statt, häufiger aber im Betrieb oder im Büro, oft auch im gesellschaftlichen Bereich. Je nach Publikum sind dann natürlich auch die Anforderungen an den Redner, den Redeinhalt und den eigentlichen Vortrag unterschiedlich.

Bei Reden im privaten Kreis – vor der Familie, vor Verwandten und Freunden – kennt der Redner seine Zuhörer, und die Zuhörer kennen den Redner. Die Reden im privaten Kreis sind also immer eher spontan als förmlich, weniger sachlich als gefühlsbetont. Sie sind fast nie abstrakt oder theoretisch, sondern vollgepackt mit persönlichen Empfindungen und Wünschen, privaten Erlebnissen und Begebenheiten. Also nicht so sehr der Verstand, sondern mehr das Herz sollte Text und Vortrag leiten. Daher ist hier die gute freie Rede mehr gefordert als ein möglicherweise geschliffener Vortrag vom Manuskript. Die Ansprache im Familienkreis erschöpft sich nicht in langatmigen Ausführungen, sondern überzeugt mit lebendiger Kürze.

Offizielle Reden im Betrieb, im Büro, im Verein oder im gesellschaftlichen Leben richten sich an einen völlig anderen Personenkreis.

Die familiäre Vertrautheit, das intimere Wissen um Persönlichkeit und Begebenheit des privaten Kreises wird ersetzt durch ein mehr distanziertes Verhältnis, ein stärker von Respekt und Achtung bestimmtes zu der durch die Rede auszuzeichnenden Person. Dies bleibt natürlich nicht ohne Einfluß auf Redeinhalt und Vortrag.

Die nachfolgenden Überlegungen und Redebeispiele sollen Ihnen dabei als hilfreiche Handhabe dienen.

Wie bereitet man seine Ansprache vor?

Wie bei jeder Rede benötigen Sie auch hier zunächst eine Fülle von Informationen. Bei einer Rede im Kreis der Familie, vor Verwandten und Freunden sind Ihnen Ihre Zuhörer bekannt. Sie kennen damit auch die meisten persönlichen Daten, privaten Begebenheiten und Erlebnisse.

Diejenigen, die Sie mit Ihrer Ansprache anläßlich des Eintritts in den Ruhestand feiern oder auszeichnen wollen (oder sollen), sind Ihnen – in der Regel wenigstens – ebenfalls vertraut. Deshalb wissen Sie auch – zumindest in groben Zügen –, wie Ihrem Ruheständler in diesen Augenblicken zumute ist. Scheidet »sie« oder »er« nur mit Wehmut aus dem Erwerbsleben, oder ist der »Rentier in spe« gar heilfroh, endlich den Strapazen am Arbeitsplatz entkommen zu können? Freut er sich auf den neuen Lebensrhythmus oder hat er etwa Angst vor der vor ihm liegenden Zukunft ohne den bisher gewohnten Tagesablauf.

Diese Grundstimmung können Sie im privaten Kreis getrost ansprechen und Ihre Rede danach ausrichten.

Niemand aus Ihrem Zuhörerkreis – am wenigsten aber der unmittelbar Angesprochene – hätte nämlich Verständnis dafür, wenn Sie sich anonym und abstrakt mehr oder minder hintersinnig mit den Problemen des Ruhestandes und der Pensionierung auseinandersetzen würden. Als Redner im privaten Kreis erwartet man an diesem Tage von Ihnen Anteilnahme, Mitfreude oder Trost, Aufmunterung, Bestätigung – je nachdem, was helfen könnte, den Abschied von einem wichtigen Lebensabschnitt und den Beginn eines neuen, noch ungewohnten zu erleichtern. Entsprechend bereiten Sie die Ihnen zur Verfügung stehenden persönlichen Daten des künftigen Ruheständlers und seiner Umgebung auch auf. Zitieren Sie wichtige Abschnitte des Arbeitslebens jeweils so, daß positive Ereignisse hervorgehoben werden und negative als erfolgreich und glücklich überwunden im nachhinein an Bedeutung verlieren! Umschreiben Sie den Eintritt in den Ruhestand niemals als Schlußetappe eines aktiven Lebens, als Abschied von einer ereignisreichen Zeit, sondern als Beginn eines neuen Lebensabschnitts mit mehr Zeit und Muße für Selbstbesinnung und freie Entfaltung! Muntern und »möbeln« Sie Ihren »Ruheständler« auf, damit er nicht etwa das Gefühl bekommt, von einem zum anderen Tage vom aktiven Leben ausgeschlossen zu sein, zum alten Eisen gehören zu müssen! Versuchen Sie eine Brücke zu schlagen zum bisher immer zu kurz gekommenen Hobby, zu den vertagten Wünschen, den unvollendeten Träumen und den Erwartungen hinsichtlich Aufmerksamkeit und Zuwendung, die die persönliche Umgebung nunmehr verstärkt geltend machen wird! Kurzum – denken Sie bei Ihrer Rede im privaten Kreis daran, daß der Eintritt in den wohlvordienten Ruhestand kein trauriges Fest ist (eigentlich ja ein Widerspruch in sich!), sondern ein Tag, an dem Stolz, Zufriedenheit und Genugtuung wegen des bisher Geleisteten und Erreichten gewürdigt und der Übergang zu einer zwangloseren Zeit gefeiert werden sollen.

Legen Sie sich durch Ihre Stoffsammlung einen roten Faden, wägen Sie noch einmal ab, ob und gegebenenfalls wie die Harmonie dieses Festes vielleicht durch eine mißverständliche Formulierung oder eine Erinnerung an ein unliebsames Ereignis gefährdet sein könnte – und schon sind Sie einen wichtigen Schritt auf dem Weg zu einer gelungenen Ansprache weiter.

Bei einer Rede zum Ruhestand am Arbeitsplatz oder im gesellschaftlichen Leben fehlen Ihnen vielleicht meist Informationen über die Person, die es an diesem Tag zu feiern gilt.

Besorgen Sie sich die persönlichen Daten entweder aus den Personal- bzw. Mitgliedsunterlagen, oder fragen Sie Angehörige und Bekannte, Kollegen oder gegebenenfalls auch den »Ruheständler« selbst. Da der Jubilar nicht immer vor einem ihm auch privat bekannten oder vertrauten Zuhörerkreis gefeiert wird, sind an die Verwendung privater Daten und Begebenheiten besonders strenge Voraussetzungen zu knüpfen. Sie müssen sich auf jeden Fall vergewissern, daß Sie nicht die Privatsphäre verletzen. Im Zweifelsfall bei den Angehörigen oder dem Betroffenen selbst nachfragen! Begebenheiten aus dem gemeinsam Erlebten können dagegen verwandt werden, sofern sie nicht für den Jubilar negativ ausgelegt werden können. Verwendbar sind Vorfälle, Begegegnungen und Zitate aus dem Alltag des Betriebes, der Verwaltung oder des Vereins – erreichte Erfolge und Ziele immer, Mißerfolge und Pannen nur dann, wenn sie allgemein oder vom Betroffenen selbst als komische Randerscheinung verstanden werden können. Witz und Heiterkeit dürfen hier allerdings nie zu Lasten des Betroffenen oder der Zuhörerschaft gehen. Hier ist besonderes Fingerspitzengefühl und Einfühlungsvermögen gefragt.

Wie soll man vortragen?

Wenn Sie alle Informationen und Unterlagen für Ihre Rede zusammengestellt, geordnet und gegliedert haben, kommt der zweite, nicht weniger schwierige Schritt. Es genügt ja eben nicht, alles aufzuschreiben und dann das fertiggestellte Redekonzept einfach vorzulesen!

Sowohl bei den Reden im Familien- und Freundeskreis als auch vor fremdem Publikum kommt neben der inhaltlichen Ausgestaltung dem eigentlichen Vortrag ganz besondere Bedeutung zu. Und deshalb ist es wichtig für Sie, sich zuvor mit einigen Details vertraut zu machen.

Zunächst ist es wesentlich, wo Sie sprechen sollen. Die private Ruhestandsrede findet in der Regel in häuslicher Umgebung, die betriebliche oder offizielle Ruhestandsrede in einem Sitzungs oder Festsaal statt. Vor allem im letztgenannten Fall müssen Sie prüfen, ob Sie eine Verstärkeranlage benötigen oder gegebenenfalls andere technische Hilfsmittel, etwa zur optischen Unterstützung Ihrer Rede. Ist der Raum abgetrennt, oder können Außenstehende zuhören? Dies ist wichtig, um beurteilen zu können, ob auch Dinge aus dem privaten Bereich erwähnt werden dürfen.

Datum, Ort und Uhrzeit für Ihre Ansprache werden Ihnen gegenwärtig sein. Dabei dürfte Pünktlichkeit eigentlich selbstverständlich sein – gleichgültig, ob Sie Ihre Rede als Gast oder als Gastgeber zu halten haben.

Falls jemand vor oder nach Ihnen spricht, den Sie kennen, sollten Sie sich auf jeden Fall vorher kurz abstimmen. Es wäre wirklich jammerschade, wenn ein guter Einfall durch mehrfache Wiederholung zerredet wird. Eine solche Absprache ist auch bei offiziellen Redeanlässen gang und gäbe.

Sie sollten sich vorher prüfen und entscheiden, ob Sie frei vortragen können oder ob Sie sich eines Manuskripts bedienen wollen. Im letzteren Fall sollten Sie oft memorieren (auswendig lernen also) und probesprechen, bis der Text einigermaßen »sitzt«. Präparieren Sie das Manuskript so, daß Sie nicht an den Seiten »klebenbleiben« und gewissermaßen mit *einem* Blick den Faden Ihrer Ansprache stets weiterverfolgen können! Die Textsicherheit beim freien Reden oder die relative Textsicherheit mit dem voll präparierten Manuskript wirken entkrampfend auf Mimik, Gestik, Haltung, Tonlage. Denn sie müssen mit dem Inhalt Ihres Redetextes so übereinstimmen, daß beim Zuhörer keine unterschiedliche Beurteilung im Hören und Sehen, zwischen Gesagtem und tatsächlich Empfundenem auftreten kann. Und gerade bei einem Zuhörerkreis, der Sie kennt, werden Widersprüche schnell offenkundig. Bei offiziellen Anlässen lösen Widersprüche zwischen gesprochenem Wort und Mimik bzw. Gestik zumindest Irritationen aus. Obwohl man Sie hier nicht oder jedenfalls nicht näher kennt, werden Abweichungen registriert – wenn auch oft nur unbewußt.

Kleidung und Frisur sollten dem Redeanlaß angemessen sein. Konventionen sollte man hier, wenn es irgend geht, Rechnung tragen. Sie kennen ja als Familienmitglied oder als Freund und Nachbar die Familiengewohnheiten. Wenn in festlicher Atmosphäre gefeiert werden soll, schließen Sie sich auch in dieser Hinsicht ruhig an. Dann wäre legere Straßenkleidung oder salopper Freizeitlook sicher falsch. Findet allerdings alles in etwas gelockerter Umgebung statt, so sollten Sie nicht unbedingt als einziger im Festgewand aus dem Rahmen fallen. Bei offiziellen Redeanlässen wird in aller Regel in konventionell festlicher Kleidung gefeiert.

Mimik und Gestik müssen der Thematik entsprechen. Ihr Gesicht, die Hände – alle Signale, die Ihr äußeres Erscheinungsbild dem Zuhörer und Betrachter vermittelt – sollten unterstreichen, daß Sie sich mitfreuen, mitfühlen und Anteil nehmen. Vermeiden Sie aber auf jeden Fall, die Signale bewußt steuern zu wollen! Sofern Sie kein ausgebildeter Darsteller sind, mißlingt Ihnen dies mit Sicherheit. Also versuchen Sie nicht, Freude und Anteilnahme zu heucheln, wo Sie nur Pflichtgefühl empfinden. Ihr Unterbewußtsein würde Ihre tatsächliche Einstellung auch abseits des gesprochenen Wortes durch Mimik und Gestik dokumentieren.

Überlegen Sie vor Ihrer Rede, ob Sie vielleicht Ihren Vortrag optisch unterstützen und verbessern können, zum Beispiel durch alte, vertraute Gegenstände, durch Fotos, Bilder, Texte! Der Aufmerksamkeitsgrad bei Ihren Zuhörern wird immer höher, je besser es Ihnen gelingt, über das gesprochene Wort hinaus zusätzlich und gezielt optische Aufmerksamkeit zu erregen. Das gleiche gilt für akustische Hilfsmittel, die man ebenso einsetzen kann.

Auch Tonlage und Sprechrhythmus müssen stimmen. Weder laut noch forsch, noch leise oder monoton. Für alle Zuhörer verständlich, mit den entsprechenden Betonungen dort, wo Sie in Ihrer Ansprache die Höhepunkte setzen wollen. Alles Gekünstelte und Aufgesetzte nehmen Ihnen Ihre Zuhörer ohnehin nicht ab, denn sie kennen Sie ja auch aus anderen Situationen. Dies gilt zumindest für die Reden im privaten Bereich und bei den Reden unter Kollegen.

Denken Sie bei Ihrem Vortrag in diesem Kreise an die alte – und hier in ganz besonderem Maße geltende – Faustregel, daß in der Kürze auch die Würze liegt. So manche Festtagsstimmung ist durch ellenlange Ausführungen ganz gründlich »erledigt« worden. Und das wollen Sie ja wohl auf jeden Fall vermeiden!

Hat man auch nichts vergessen?

Eine Rede vor der Familie, vor Freunden und Nachbarn sollte nicht weniger ernst genommen werden und damit nicht weniger gründlich vorbereitet werden als eine Rede vor fremdem Publikum. Denn alle, die Sie kennen, sollen ja nicht plötzlich das Gefühl haben, nur deshalb einem völlig anderen Menschen zu begegnen, weil er zufälligerweise eine Rede halten soll oder will. Auch wenn Ihnen vertraute Menschen zweifellos mit weniger Vorbehalten und mehr liebevoller Aufmerksamkeit zuhören als fremde, so wollen sie doch als Zuhörer gewiß genauso ernst genommen werden wie Außenstehende. Denken Sie also auch bei einer Rede im Familienkreis an alle Regeln für einen erfolgreichen Redner, die Ihnen sonst geläufig und selbstverständlich sind!

Die nachstehende »Checkliste« soll Ihnen noch einmal helfen, nichts zu vergessen.

Informationen sammeln

● Wo, wann und vor wem wird wie lange geredet?

● Gibt es Hilfsmittel, mit denen man seinen Vortrag verbessern kann (Bilder oder andere Erinnerungsstücke, Tonaufzeichnungen oder ähnliches)?

● Sind alle persönlichen Daten der zu feiernden Person und entscheidenden Ereignisse in ihrem Leben präsent (Schule, Ausbildung, berufliche Stationen, Ernennungen, Beförderungen usw.)?

● Was darf vor dem »Ruheständler« und den Zuhörern auf gar keinen Fall erwähnt werden (Mißerfolge, Kränkungen, Meinungsverschiedenheiten, persönliche Empfindlichkeiten)?

● Können oder müssen Ansprachen aufeinander abgestimmt werden?

● Welche Personen müssen gesondert angesprochen werden (besondere Ehrengäste, die Ältesten oder Jüngsten im Kreis, die am weitesten Angereisten)?

● Welche Personen sollten auf keinen Fall erwähnt werden?

● Von wo aus wird gesprochen (vom eigenen Platz, von der Tafelfront, frei im Raum)?

● Wird diese Familienfeier oder offizielle Rede in Bild und Ton festgehalten (Redepositionen und technische Aufnahmemöglichkeiten überprüfen!)?

Informationen ordnen und speichern

● Freier Vortrag möglich oder nach präpariertem Manuskript?

● Oft genug memoriert, daß Textsicherheit gegeben ist?

● Manuskript möglichst unauffällig benutzbar?

● Liegt zwischen Redevorbereitung und Vortrag gegebenenfalls noch ein Ereignis, das unbedingt berücksichtigt werden muß?

● Sind Sie sicher, daß Sie der Aufgabe physisch und psychisch gewachsen sind?
● Äußeres Erscheinungsbild (Kleidung, Frisur) angemessen?
● Augenkontakt zu den Zuhörern aufnehmen und halten!
● Mimik und Gestik, Haltung, Tonlage und
  Sprechrhythmus angemessen?
● Können Sie überall gehört werden?
● Können Sie schneller aufhören, wenn nötig,
  oder behutsam verlängern, wenn Ihre Rede
  »zündet«?
● Haben Sie alles noch einmal überprüft?

Wenn Sie all diesen Punkten gebührende
Beachtung schenken, wird einer gelungenen
Ansprache nichts im Wege stehen.

Reden zum Ruhestand im privaten Bereich

Der Bruder spricht zum Ruhestand der Schwester

Liebe Irmgard,
liebe Freunde, verehrte Gäste,
heute morgen haben Dich Deine Kolleginnen und Kollegen in den wohlverdienten Ruhestand verabschiedet. Und wie an solch denkwürdigen Tagen wohl üblich, gab es viele gute Worte, liebe Wünsche und ein paar nette Geschenke. Das wollen wir heute abend hier im Kreise der Familie, der Freunde und Nachbarn natürlich nicht einfach wiederholen. Wir sind gekommen, liebe Irmgard, um mit Dir zu feiern. Wir wollen mit Dir den Abschied feiern von einer Zeit harter beruflicher Anstrengungen. Und wir wollen mit Dir zusammen den Beginn einer Zeit feiern, die Dir den gerechten Ausgleich für all diese Mühen und Anstrengungen bringen soll. Ich weiß, daß man einem solchen Tag mit gemischten Gefühlen entgegensieht. Einmal ist man froh, endlich diesem unerbittlichen Zwang zu entkommen. Nicht mehr um 6 Uhr raus, um 7 ins Auto, um halb 8 schon leicht gestreßt im Büro, um 12 Mittagspause, um halb 1 weiter bis um 4: Tag für Tag, Woche für Woche, Monat für Monat und Jahr für Jahr. Jetzt gibt es keine Aktenberge mehr und keinen Termindruck. Kein

Vorgesetzter guckt mehr schief, und kein Kollege regt einen mehr auf. Das ist die angenehme Seite. Mehr Zeit für sich und diejenigen, die einem nahestehen, mehr Zeit für all die vielen schönen Dinge, die früher immer vertagt wurden. Die andere Seite ist der noch ungewohnte künftige Lebensrhythmus. Kann man den neuen Freiraum sinnvoll ausfüllen, reichen die Hobbys aus, und geht man sich im Familienkreis nicht eher auf die Nerven als früher, wo der Arbeitstag doch wenigstens zeitlich für ein wenig Distanz sorgte? Alles wird sich neu einspielen müssen: der Tagesablauf, die Zeiteinteilung, die Kontakte. Aus eigener Erfahrung weiß ich, daß man hier am Anfang etwas experimentieren muß, bis alles wieder seinen – neuen – gewohnten Gang geht. Und wenn es dann soweit ist, stellt man fest, daß man eigentlich genausowenig Zeit wie früher hat. Das spätestens ist dann der Zeitpunkt, wo man sich wieder in seinen Betrieb zurückwünscht, da es dort wenigstens in mehr oder minder regelmäßigen Abständen Urlaub vom Beruf gab. Nein, im Ernst: Ich bin ganz sicher, daß Du schnell in Deine neue Rolle als Ruheständlerin hineinwachsen wirst, und daß es keine Übergangsschwierigkeiten geben wird. Heute abend bereits fangen wir mit der ersten Übung an.

Da Du ja nicht mehr in aller Herrgottsfrühe aufstehen mußt, können wir heute in aller Ruhe feiern, ohne Blick auf die Uhr, ohne »Mein Gott, haben die alle Sitzfleisch! Ich muß doch noch alles heute nacht wegräumen.« Nein, dies alles ist vorbei, und es beginnt ein schöner Abschnitt, wo man mehr Zeit hat und »lockerer« damit umgehen kann.

Liebe Irmgard, wir begrüßen Dich herzlich im Kreise der Rentner, Ruheständler und Pensionäre, die es geschafft haben, halbwegs gesund und wohlbehalten der »Arbeitsmühle« zu entrinnen. Genieße die neue Zeit in vollen Zügen, aktiv und bewußt! Wir – Deine Familie, Deine Freunde – werden Dich dabei begleiten. Heute abend beim Start und – wie wir alle hoffen wollen – noch viele gute und schöne gemeinsame Jahre lang. Auf Dein Wohl, prosit!

Die Schwester spricht zum Ruhestand des Bruders

Lieber Eberhard,
nun hast Du es endlich geschafft. Endlich raus aus der »Mühle«, weg vom Streß und dem täglichen Ärger. Endlich mehr Zeit und Gelegenheit für Dich selbst, die Familie, die Freunde, die Hobbys. Endlich! Ich weiß, was dieser Stoßseufzer für Dich bedeutet. Es war halt schon eine Quälerei all die langen Jahre. Die täglichen Fahrten vom und zum Arbeitsplatz, immer im dicksten Berufsverkehr. Die vielen Jahre zuerst im Schichtdienst und erst die letzten zehn mit der üblichen Arbeitszeit. Und wenn man dachte, daß wenigstens hier eine kleine Erleichterung eingetreten ist, kamen die ganzen Aufregungen dazu, die die wirtschaftliche Lage gerade in Eurer Branche mit

sich brachte. Kurzarbeit, Feierschichten, Zwangsurlaub – und die jahrelange Ungewißheit, ob man bei der nächsten Rationalisierungs- oder Entlassungswelle halt auch dabei sein würde, wie so viele Kolleginnen und Kollegen. Dies alles ist nicht spurlos an Dir vorübergegangen.

Auch nicht an Deiner Familie – selbst wenn Du immer versucht hast, möglichst wenig von all diesen Gedanken und Befürchtungen nach außen dringen zu lassen. Vom heutigen Tag an sind wenigstens diese Sorgen von Dir genommen. Es war hart, aber Du bist – alles in allem betrachtet – noch gut durchgekommen. Grund genug, zufrieden auf die Vergangenheit zurückzublicken und optimistisch in die Zukunft! Jetzt kannst Du vieles nachholen, was die ganze Zeit immer ein wenig zu kurz gekommen ist: die Arbeit im Garten zum Beispiel oder die Tageswanderungen, die nun nicht mehr wie früher von dem zufällig am Wochenende herrschenden Wetter abhängig sind. Ein neues Lebensgefühl, das Ihr beiden, wie ich gehört habe, mit einer zweiwöchigen Reise in den sonnigen Süden erst einmal richtig genießen und »ausprobieren« wollt. Recht habt Ihr – nutzt die neuen Freiheiten!

Heute abend aber wird gefeiert, wie bei jedem wichtigen Ereignis in der Familie und im Freundeskreis. Wir alle sind gekommen, um mit Dir den Beginn der heißersehnten Rentnerzeit zu begießen. Ab heute gilt auch für Dich der Spruch: »Eile mit Weile!«. Ganz sicher wirst Du keine Eingewöhnungsschwierigkeiten haben. Viel eher fast schon wieder Zeitprobleme, wenn Du wirklich gleich alles anfangen willst, was Du Dir die ganze Zeit für diesen neuen Abschnitt aufgespart hast. Also immer daran denken: Eile mit Weile! Stets langsam voran! Jetzt hast Du die Zeit für Dich, die Du Dir so lange gewünscht hast. Nutze sie gut und teile sie mit denen, die Dir lieb und wichtig sind. Dann wird sie Dir niemals knapp werden und schon gar nicht zu viel.

Lieber Eberhard, alles Gute zum neuen Lebensabschnitt – Gesundheit, Zufriedenheit und ein wenig Glück dazu! Dann wird es für Dich und die Deinen eine gute Zeit.

Das vor allem wünscht Dir Deine Schwester am heutigen Tag von ganzem Herzen.

Der Sohn spricht zum Ruhestand der Mutter

Liebe Mutti,
Ihr Lieben,
heute sind wir alle hierher gekommen, um mit Dir einen langersehnten Tag zu feiern: den Tag des Abschieds vom Berufsleben. Denn das ist gleichzeitig der Tag, wo Du endlich Abschied nehmen kannst von den langen Jahren einer Doppellast, die nun einmal all jene tragen müssen, die sich alleinverantwortlich um eine Familie kümmern müssen. Seit dem Tode unseres Vaters vor fast 15 Jahren kam zu der Sorge um die Erziehung und Ausbildung der Kinder noch die Pflicht, einen we-

sentlichen Teil zum gemeinsamen Unterhalt
der Familie hinzuverdienen zu müssen. Nur
wenige machen sich eine Vorstellung davon,
was es heißt, mit dieser Mehrfachbelastung
fertig zu werden. Sie nicht nur tagtäglich allein schon physisch zu bewältigen, sondern
dazu noch unter dem ständigen Druck und
dem einen mit Angst erfüllenden Gedanken,
daß man nicht ausfallen darf. Und obwohl wir
Kinder uns immer bemüht haben, mit anzu-
packen, unseren Anteil an den gemeinschaft-
lichen Aufgaben und Pflichten zu übernehmen, geblieben sind Dir immer neben der un-
aufhörlichen Belastung die Notwendigkeit, eigene Vorstellungen, Wünsche und Träume
zurückzustellen, der Zwang, sich allein schon
aus Zeitgründen immer nur auf Wesentliches,
auf unabdingbar Notwendiges zu beschrän-
ken. Du hast nie viel darüber geredet, aber es
ist uns natürlich nicht verborgen geblieben.
Du sollst wissen, daß Deinen Kindern mit zunehmendem Alter immer stärker bewußt geworden ist, daß Deine Belastungen, Dein Op-
fer und Verzicht ihre beste Starthilfe auf dem
Weg zur eigenen freien Entfaltung gewesen
sind. Dies heute hier mit wenigen Worten zu
sagen, wäre der ganz und gar ungeeignete
Versuch, Liebe und Dankbarkeit für ein ganzes Leben auszudrücken. Das wollen wir –
auch hierin Deinem Beispiel folgend – statt
mit Reden lieber mit Taten versuchen. Heute
ist aber der Tag, an dem Du auf einen Schlag
wieder ein paar Sorgen los wirst. Ein Tag, mit
dem Du wieder ein wenig Zeit gewinnst für al-

les, was bisher viel zu kurz gekommen ist. Vor allem aber für Dich. Einmal wieder richtig abschalten, sich regenerieren, sich ein wenig treiben lassen, ohne Zwang, Zeitdruck und Sorgen. Und damit ist das Stichwort schon gefallen: abschalten, sich regenerieren, sich treiben lassen.

Deine Kinder schenken Dir zum heutigen Tag eine 14tägige Kreuzfahrt durch das Mittelmeer. Wir wissen, daß wir Dir damit wenigstens einen der vielen bisher unerfüllten Träume heute erfüllen können. Und wir freuen uns natürlich, daß es uns im großen Kreis der Familie diesmal ausnahmsweise gelungen ist, wenigstens *eine* Überraschung bis zum Tage der »Enthüllung« geheimzuhalten. Die Reise beginnt erst nächste Woche: also noch Zeit genug, ohne Streß die Vorbereitungen zu treffen, und – was genauso wichtig ist – genügend Zeit für ein bißchen Vorfreude. Wir wünschen Dir einen unvergeßlichen Urlaub, der Dich ein wenig für alles entschädigen soll, was hinter Dir liegt. Uns allen wünsche ich noch eine lange gemeinsame Zeit, eine gute und vor allem gesunde Zukunft.

Darauf wollen wir nun unser Glas erheben!

Die Tochter spricht zum Ruhestand der Mutter

Liebe Mami,
lieber Papi,
liebe Freunde,
Töchter haben zu ihren Müttern nicht immer
ein ungestörtes Verhältnis – zumindest wech-
selt es altersbedingt mehrfach. Das reicht von
der vorbehaltlosen Bewunderung über ein besonders streng-kritisches Konkurrenzver-
hältnis, von wütender Eifersucht über eine
herablassende Duldung, vom ständigen Ärger bis zur liebevollen Toleranz. Kurz – alle
Variationen zwischen totalem Krieg und har-
monischem Frieden werden praktisch erprobt. Entscheidend ist, was auf Dauer übrig
bleibt, wenn man in den verschiedenen Le-
bensabschnitten – meist an deren Ende – versucht, für sich oder andere Bilanz zu ziehen.
Heute ist ganz sicher so ein Tag.

Heute, liebe Mami, hast Du Dich, wie ich es
einschätze, vielleicht ein wenig wehmütig von
Deinem Beruf, Deinen Kollegen und Deinem
Büro verabschiedet. Ich weiß, daß Du Deinen
Beruf ernst genommen hast, daß Du Dich
ganz engagiert hast, weil Du Dir damit ein
Stück Unabhängigkeit und Selbstbestätigung
erhalten wolltest, den Dir Deine Familie und
die täglichen Haushaltsprobleme zumindest
auf Dauer hätten nicht gewährleisten können.
Als ich noch in die Schule ging, habe ich das
nie so richtig verstanden. Viele meiner Mit-

schüler hatten ihre Mütter zu Hause, die ihnen halfen, die sie verwöhnten – oder die einfach nur da waren. Andere Mütter arbeiteten
zwar, aber da gab es familiäre oder finanzielle
Zwänge – das ging nicht anders. Bei uns hätte
es eines Zuverdienstes wahrscheinlich nicht
bedurft, und die Familie wäre komplett gewesen. Und deshalb habe ich mich damals oft gefragt, warum Du Deinen Beruf voll wieder aufgenommen hast, was ja notwendigerweise die
unangenehme Folge hatte, daß die Hausarbeit gleichmäßig auf alle vorhandenen Schultern verteilt wurde. Ich glaube, daß ich ziemlich lange gebraucht habe, um zu begreifen,
daß die Gemeinschaft in unserer Familie
durch diese andere Rollenverteilung gestärkt
worden ist und nicht geschwächt. Ich habe gelernt, daß fixierte Rollen Frust erzeugen und
freiwillig übernommene Mehrarbeit schneller, besser, vor allem aber lieber erledigt wird
als aufgezwungene Routine. Kurzum, ich habe gespürt, daß eine im Beruf zufriedene Mutter ein ungleich besserer Gesprächspartner
für eine Tochter und eine ganze Familie ist als
ein frustriertes unzufriedenes »Hausmütterlein«. Und, wenn ich jetzt an den Anfang zurückkehre, kann ich heute feststellen, daß ich
mit zunehmendem Alter Deine Entscheidung
nicht nur verstanden, sondern für mich selbst
und meine Zukunft entsprechende Lehren gezogen habe, von denen ich hoffe, daß es mir
immer gelingt, sie auch so konsequent und
überzeugend umzusetzen wie Du.

Wenn wir heute Bilanz ziehen, Du für Dich und ich für uns, dann – so glaube ich, haben wir eine gute gemeinsame Zeit hinter uns gebracht. Daß das auch für die Zukunft gilt, ist mein Wunsch am heutigen Tage für Dich, liebe Mami, und für uns.

Der Sohn spricht zum Ruhestand des Vaters

Lieber Vater,
dies ist ganz sicher ein Jahr bemerkenswerter Gedenktage für Dich: 40 Jahre Betriebszugehörigkeit, der 65. Geburtstag und nun der Tag, an dem Du Abschied nimmst vom aktiven Erwerbsleben. Die beiden ersten Anlässe wurden groß gefeiert. Betriebsjubiläum mit den Kollegen und der Unternehmensleitung, der 65. Geburtstag mit der Familie, den Freunden und Nachbarn. Der Eintritt in den Ruhestand ist nun ein stilleres Fest. Der Abschied von den vielen vertrauten Gesichtern im Betrieb oder auch auf dem Weg dorthin und wieder zurück und die noch ungewohnte Rolle zu Hause. Alles dies wirkt noch ein wenig frisch, fast überraschend, muß erst einmal richtig verdaut werden. Neu eingewöhnen muß man sich in einen anderen Tagesablauf, andere Gewohnheiten, andere Gesichter. Ich weiß, was Dir in den letzten Wochen und Monaten so alles durch den Kopf gegangen ist. Überwogen hat aber, glaube ich, dann doch

die Erleichterung, daß Anstrengung und Streß des Arbeitslebens vorbei sind und daß wieder mehr Zeit für persönliche Dinge zur Verfügung steht. Eigentlich ist es ja auch eine merkwürdige Lebenseinstellung, die wir oder andere uns zumuten. Mindestens bis zum 20. Lebensjahr dauert im Regelfall die schulische Erziehung und die Ausbildung am Arbeitsplatz. Dann arbeitet man noch 45 ganze lange Lebensjahre, bis das 65. erreicht ist, und die verbleibende Zeit steht einem dann noch zur Verfügung, um die Früchte dieses ganzen Tuns und Lassens zu genießen. Selbst wenn man die Arbeitsjahre auflockert durch Urlaub und die Sonn- und Feiertage (heutzutage ja auch die Samstage) abzieht – weißt Du eigentlich, welch erkleckliche Zahl von Arbeitstagen und -stunden dabei herauskommt und wieviel Du selbst davon abgeleistet hast? Die Zahl ist eigentlich unvorstellbar. Bei heute durchschnittlich 220 bis 230 Arbeitstagen im Jahr hast Du in Deinen 40 Berufsjahren rund 9500 Tage gearbeitet, das entspricht fast 90000 Stunden, die Zeiten für Hin- und Rückfahrten nicht gerechnet. 90000 Stunden im gleichen Betrieb, in der gleichen Abteilung. 90000 Stunden Arbeit in 40 Jahren – um zu leben, eine Familie zu unterhalten, Kinder aufzuziehen und schließlich noch einen geruhsamen Lebensabend zu genießen. Das ist ein stolzer Preis, den unsere Gesellschaft bei einem ganz normalen Arbeitsleben fordert, finde ich. Und dennoch geht es uns im Vergleich zu anderen noch geradezu beneidenswert gut. Vielleicht sollten wir all unseren Erfindungsreichtum mehr darauf richten, wie diese Leistungs- und Zeitbilanz für den einzelnen verbessert werden kann. Du hast ja schon eine lange Entwicklung miterlebt: Die Arbeit wurde produktiver und rationeller. Die Arbeitszeit nahm – auf Dauer gesehen – erheblich ab, und der Lohn stieg an. Geblieben ist aber das Grundproblem, daß der normale Arbeitnehmer einfach außerstande ist, seine Lebensarbeitszeit nach seinen eigenen Bedürfnissen optimal zu gestalten. Vielleicht hätte manch einer es anders eingerichtet, als Gesetze, Verordnungen und Globalverträge es ihm gestatteten. Aber Schwamm drüber! Du hast es geschafft, Deine Last abzuarbeiten. Genieße also diesen Tag als Schlußstrich unter eine lange Pflicht und als Anfang einer neuen Freiheit! Vergiß die Belastungen und genieße die Ergebnisse Deiner Arbeit! Ein 40. Rentnerjubiläum gibt es wohl kaum – aber einige zehntausend unbeschwerte, lustige und gesunde Rentnertage wünsche ich Dir von ganzem Herzen. Und jeden dieser Tage solltest Du als Deinen persönlichen Jubiläumstag begrüßen und feiern. Dann hätte es sich auch gelohnt, daß Du so lange darauf warten mußtest.

Die Tochter spricht zum
Ruhestand des Vaters

Lieber Paps,
nun hast Du das erstrebte Ziel erreicht. Mit
dem morgigen Tag bist Du frei: frei von den
Zwängen einer unerbittlichen Zeiteinteilung.
Um 6 Uhr aufstehen, um 7 losfahren, um 8 im
Betrieb sein, um 12 Mittagspause, um 1/2 1
weiterarbeiten, um 5 Schluß. Montags, diens-
tags, mittwochs, donnerstags und freitags; Ja-
nuar bis Dezember, abzüglich 6 Wochen Urlaub – verteilt auf Ostern, Sommer, Herbst
und Winter, um etappenweise das Arbeitsjahr
besser zu bewältigen. Und das Ganze fast
40 Jahre lang. Das ist nun vorbei, und ich weiß,
daß Du Dich schon lange darauf gefreut hast.
»Wenn ich einmal pensioniert bin«, hast Du
früher oft gesagt, »wird's mir ganz gewiß nicht
langweilig werden. Wenn ich dann noch gesund und halbwegs fit bin, möchte ich all das
ohne Zeitdruck tun, was vorher meistens nur
eingeschränkt möglich war.« Wandern zum
Beispiel, wenn das Wetter gut ist und die Stimmung danach. Reisen außerhalb von Ferien-
terminen, Autofahren außerhalb der Spitzen-
zeiten, Einkaufen tagsüber, ohne Streß nach
Betriebsschluß, abends mit Freunden zusam-
mensein, ohne auf die Uhr zu gucken. Damit
hast Du Dir ein dickes Programm zusammen-
gepackt und wirst ganz sicher keine Langeweile haben, wenn Du nur halbwegs all die
Punkte darin abwickeln willst. Dabei kommt
Dir ja nun der Zeitpunkt Deiner Pensionie-

rung in idealer Weise entgegen: Der Frühlingsmonat Mai ist geradezu optimal für einen Start in eine neue Zeit, für den Versuch, ein Jahr einmal gewissermaßen aus einer völlig anderen Perspektive zu erleben. »Perspektive« ist natürlich jetzt mein Stichwort. Wir haben uns überlegt, was wir Dir zur Erinnerung an diesen denkwürdigen Tag schenken könnten. Wir haben uns auf ein Fernglas geeinigt. Es soll Dich auf Deinen künftigen Wanderungen und Reisen immer begleiten. Wenn Du hindurchsiehst, soll es Dir interessante Einblicke näherbringen, neue Horizonte eröffnen und ein wenig helfen, sich näher und intensiver auch mit weiter entfernten Zielen zu beschäftigen. Aber so ein Fernrohr hat noch eine andere segensreiche Nutzungsmöglichkeit. Gefällt Dir etwas nicht oder willst Du manches lieber nur von weitem sehen, dann drehe es doch einfach um! Diese Betrachtungsweise eignet sich vorzüglich für die unangenehmen Dinge, die bisweilen am Wege auftauchen. Wobei wir natürlich hoffen, daß Du von dieser Möglichkeit des »Fernsehens« nur äußerst selten Gebrauch machen mußt!

Lieber Paps, zum heutigen Start in Deinen wohlverdienten Ruhestand wünschen wir Dir viel Glück, Zufriedenheit und Gesundheit. Wir hoffen mit Dir auf eine gute und friedliche Zeit, daß sich all die vielen Pläne, Hoffnungen und Träume erfüllen können, die Du Dir für diesen Lebensabschnitt bewahrt und aufgespart hast.

Die Ehefrau spricht zum Ruhestand des Ehemannes

Lieber Paul,
liebe Freunde,
nun ist er da, der Tag, den wir beide mit (unterschiedlich) zwiespältigen Gefühlen erwartet haben. Der »Herr des Hauses« kehrt nunmehr ganztägig in die häuslichen Gefilde zurück, entlastet von den Strapazen des Berufs, voller Tatendrang, voll der guten Absicht, die neu verfügbare Energie und Zeit dem familiären Geschehen zu widmen. Die Hausfrau, bisher mit der alleinigen »Regierungsverantwortung« für den Haushalt betraut und an eine jahrelang ausgeklügelte Arbeits- und Zeiteinteilung gewohnt, muß nun plötzlich diese Verantwortung teilen. Wer jemals in der Politik miterlebt hat, wie schwer es lange Zeit mit absoluter Mehrheit Regierenden fällt, in langwierigen Koalitionsverhandlungen Arbeit, Verantwortung und natürlich auch Erfolg so aufzuteilen, daß nicht dauernd Frust und Streit entstehen, kennt das Problem zur Genüge. Diese Verhandlungen haben wir noch nicht aufgenommen. Wir haben uns zunächst einmal darauf verständigt, uns schrittweise und pragmatisch der Lösung des Problems anzunähern. Das beginnt zunächst damit, daß Dein Anrecht, morgens als erster in die Zeitung gucken zu können, hinfällig wird, weil Du ja jetzt mehr Zeit zum Frühstück *mit* Zeitunglesen hast als früher. Ob wir nun so teilen, daß Du zuerst die Politik, das Lokale oder den

Sport bekommst und ich den Roman, oder aber umgekehrt – das wird sich noch einspielen. Ganz gewiß auch, ob die morgendliche Runde mit dem Hund so ausgedehnt werden kann, daß Du gleich vom Bäcker die frischen Brötchen mitbringen kannst. Vielleicht läßt sich auch eine praktische Regelung dahingehend finden, daß der allgemeine Küchen- und Aufräumdienst gewissermaßen umschichtig betrieben wird. Hier wäre ich ganz sicher bereit, auf einen Teil meiner althergebrachten Rechte zu Deinen Gunsten zu verzichten.

Kurzum, lieber Paul: Du siehst, wir werden ganz sicher einen Weg finden, um mit der neuen, für uns noch ungewohnten Situation zu aller Zufriedenheit fertig zu werden. Und ganz sicher – das verspreche ich Dir – wird's uns dabei nie langweilig werden. Heute wird zuallererst einmal tüchtig gefeiert mit all unseren Freunden. Wir freuen uns, lieber Paul, daß Du es geschafft hast, gesund und munter die vielen langen Arbeitsjahre hinter Dich zu bringen. Nun ist die Zeit gekommen, ein wenig auszuruhen und die Früchte dieser Anstrengungen zu genießen. Wir alle wünschen Dir noch viele Jahre im vertrauten Kreise, vor allem aber Gesundheit! Auf Dein Wohl!

Der Ehemann spricht zum Ruhestand der Ehefrau

Liebe Marianne,
liebe Kinder,
jetzt ist es geschafft. Willkommen daheim im wohlverdienten Ruhestand! Vorbei ist nun der schon etwas merkwürdige Zustand, daß der Ehemann zu Hause sein bequemes Pensionärsdasein genießt und die Gattin jeden Morgen wacker ihren Arbeitsplatz ansteuern muß, um die noch fehlenden Versicherungsjahre »abzudienen«. Daß da dem Gesetzgeber noch keine flexiblere Regelung eingefallen ist, wundert mich nach wie vor. Aber weiß man, wozu es gut war für uns? So hat wenigstens einer von beiden schon einmal vorfühlen können, wie es einem geht als Pensionär, wie man sich fühlt in seiner neuen Rolle und wie man mit der neuen Zeit- und Arbeitseinteilung zurechtkommt. Als Pensionär kann man ganz anders leben. Früher war nur erlaubt, was der Arbeit nicht im Wege stand, oder – wie es in Goethes »Torquato Tasso« heißt – »erlaubt ist, was sich ziemt«.

Heute ist dagegen alles erlaubt, was man gesundheitlich und kräftemäßig noch bewältigt: »Erlaubt ist, was gefällt«. Dies ist schon eine neue Lebensqualität, an die man sich erst einmal gewöhnen muß, wenn man zeitlebens in andere Abläufe gezwängt worden ist. Philosophieren könnte man allenfalls darüber, ob man erst so alt werden muß, um diese neue Freiheit erleben und auskosten zu dürfen. Ich will damit sagen, liebe Marianne, daß man sich sehr schnell und auch sehr leicht in die neuen Lebensumstände einfindet. Viel schneller, als man es vorher für möglich gehalten hätte, koppelt man sich von den Gewohnheiten und Ansichten ab, die man im Arbeitsleben freiwillig – teilweise wohl auch gezwungenermaßen – angenommen hat. Man lernt eben, daß man auch leben kann, *ohne* zu arbeiten – ganz sicher eine Erfahrung, die einen selbst viele Jahre im Arbeitsprozeß immer nur theoretisch beschäftigt hat. Ich freue mich jedenfalls heute für Dich, daß auch Du es geschafft hast: 40 Berufsjahre sind eine lange Zeit. Man darf ruhig mit Stolz auf das Erreichte zurückblicken und mit seinen Leistungen zufrieden sein. In diesem guten Gefühl sollte man sich auf die Zukunft freuen und – wer wie wir das große Glück hat, nicht allein zu sein – auf eine gemeinsame Zukunft. Das wünschen Dir Deine Kinder und ich heute von ganzem Herzen!

Der Enkel spricht zum Ruhestand des Großvaters

Lieber Opa,
Ihr Lieben,
wir haben heute doppelten Anlaß, unserem Opa von Herzen zu gratulieren. Einmal zum 65. Geburtstag und zum zweiten dazu, daß er mit diesem Tage gleichzeitig den wohlverdienten Ruhestand erreicht hat. Damit bist Du, lieber Opa, einer der wenigen, die eisern bis zum 65. durchgehalten haben. Aber das hat ja auch seinen Grund. Du hast es damit auch geschafft, in diesem Jahr auf ein 50jähriges Dienstjubiläum zurückzublicken. Ein so seltenes Jubelfest läßt man sich wahrscheinlich nur sehr ungern entgehen, und das hat Dir auch ein wenig dabei geholfen, die restlichen Wochen und Monate der beruflichen Aktivität doch mit einiger Gelassenheit auf sich zukommen zu lassen.

50 Dienstjahre – für uns Junge kaum zu glauben. Ein Stück Geschichte »zum Anfassen« in der eigenen Familie. Nach der Lehre im Straßenbauamt und den ersten Schritten im erlernten Beruf kamen die harten Kriegsjahre, zuerst im Heimat-, dann im Frontdienst. Zwei Jahre Gefangenschaft und danach die unruhigen Jahre des Wiederaufbaus bis Anfang der 70er Jahre, als vielen plötzlich bewußt wurde, daß ständiges Wachstum und Fortschritt (manchmal eher mit einem Fragezeichen zu versehen!) auch einen hohen Preis haben. Gerade in Deinem Beruf hast Du das

Auf und Ab in der deutschen Wirtschaftsge-
schichte bewußt erleben können. Straßenbau
zunächst als notwendige Kommunikation,
dann als militärisch-strategische Maßnahme,
danach als Voraussetzung für steigendes
Wachstum, wachsenden Wohlstand und grö-
ßere Freiheit – und seit einigen Jahren zunehmend kritisch beargwöhnt als Bedrohung und
Gefährdung von Mensch und Umwelt. Entsprechend verändert sich auch das Berufsbild
des einzelnen und dessen Stellenwert in der
Gesellschaft. Vom umworbenen und teilweise
beneideten Straßenbauer bis zum kritisierten
oder attackierten »Eingreifer« in Natur und
Umwelt. Du hast alle diese Wandlungen hin-
tereinander durchleben müssen und warst
von uns allen am meisten gefordert, was An-
passungsnotwendigkeit und Einsichtsvermö-
gen anbelangt. Vater begann sein Berufsleben
Anfang der 60er Jahre, als die ersten Krisen
zeigten, daß man sich nicht mehr auf seinen
ungebrochenen Wachstumsglauben verlas-
sen konnte. Mein Berufsanfang schließlich
fällt jetzt in eine Zeit, in der es einem schwer
fällt zu glauben, daß sich die wirtschaftliche
Lage und damit vor allem die Situation auf
dem Arbeitsmarkt wieder auf Dauer normali-
sieren und stabilisieren könnte. Möglicherweise profitieren Vater und ich von der geän-
derten Situation wenigstens insoweit, als wir
nicht mehr wie die Generationen vor uns eine
so lange Lebensarbeitszeit »ableisten« müssen. Vielleicht wird die vorhandene Arbeit auf
die zunehmende Zahl der Arbeitssuchenden

so verteilt werden müssen, daß zwar alle weniger, aber wenigstens etwas haben. Vielleicht gehören dann 50jährige Dienstjubiläen ebensosehr der Geschichte an wie die Tatsache, daß überhaupt ein bestimmter Arbeitsplatz an einem bestimmten Ort von einem einzelnen über eine lange Zeit eingenommen werden kann. Vielleicht ziehen wir eines Tages wie die Nomaden umher von Saison zu Saison, von Arbeit zu Arbeit, von Ort zu Ort. Wer weiß, was dermaleinst unsere Enkel uns Großvätern aus ihrer Arbeitswelt zu erzählen haben? Das sind so ein paar Gedanken, die mir in den Kopf gekommen sind, lieber Opa, als ich mir überlegt habe, was es eigentlich bedeutet, ein solches Jubiläum feiern zu können, wie Du es heute tust. Gründe zum Feiern gibt es also genug. Der beste ist wohl dabei, daß Du all diese Anstrengungen und Strapazen so offensichtlich gut in Form überstanden hast. Das ist die beste Voraussetzung für den Eintritt in den Ruhestand und ein hoffentlich noch langes Wohlbefinden im neuen Lebensabschnitt. Mit dem heutigen Tage hast Du Dein Ziel erreicht, Vater befindet sich auf halbem Wege, und ich marschiere sozusagen gerade los. Ich wünsche Dir und uns für die Zukunft, daß wir noch eine schöne Strecke gemeinsam gehen können.

Die Enkelin spricht zum Ruhestand der Großmutter

Liebe Omi,
Ihr Lieben,
verehrte Gäste,
daß das ein großes Fest wird, war ja von vornherein klar. Keiner wollte es sich nehmen lassen, dabei zu sein, wenn unsere Oma Renate den Abschied von ihrem langen Erwerbsleben feiert.

Daß die Familie vollzählig versammelt ist und die meisten Freunde und Bekannten, ist wohl selbstverständlich. Was Oma aber ganz besonders freut, ist die Tatsache, daß auch eine kleine Abordnung ehemaliger Schüler gekommen ist, um ihrer alten Lehrerin Glück und Segen zu wünschen für den wohlverdienten Ruhestand. Der große Kreis der Gäste und Gratulanten soll Dir zeigen, liebe Oma, daß dies eben nicht ein x-beliebiger Tag für uns alle ist, sondern willkommene Gelegenheit, Dir zu danken für viele Jahre engagierten Einsatzes und liebevoller Mühe für alle Deine Kinder, die eigenen und die vielen aus all Deinen Klassen. Ich glaube, der schönste Beweis, daß Dir Dein Beruf mehr war als ein Broterwerb und daß dies von allen auch so verstanden wurde, die Dir im Laufe dieser vielen Jahre als Schüler anvertraut waren, ist wohl die Tatsache, daß nicht wenige von ihnen diese Begegnung auffrischen, wann immer sich dazu die Gelegenheit bietet – weit über die eigentliche Schulzeit hinweg.

Heute morgen hat man Dich in Deiner Schule offiziell verabschiedet, und Rektor Wunderlich hat mit beeindruckenden Worten Deinen Werdegang und Dein Wirken an der Ludwigschule geschildert. Das will ich nicht wiederholen im privaten Kreise; hierher paßt nichts Offizielles. Hierher gehört das, was in der offiziellen Feierstunde nur ein wenig anklang. Wir wollen Dir sagen, daß wir stolz auf unsere Oma sind und beeindruckt von der Zuneigung und dem liebevollen Respekt, den alle Dir am heutigen Tage entgegenbringen. Welch schöneren Beweis und welch überzeugenderes Zeugnis könnte es geben für ein erfülltes und engagiertes langes Berufsleben?

Wir alle wissen, daß Dein Interesse für die Jugend, Deine Freude, mit ihr zu lernen und zu arbeiten, mit dem heutigen Tage nicht erloschen sind. Und so bin ich sicher – und wir alle wünschen es uns auch so –, daß Gespräche und Kontakte weiter anhalten, vielleicht noch intensiviert werden können, weil ja nun nicht mehr der Zwang einzuhaltender Stundenpläne so drückt wie vorher. Heute wollen wir Dir danken für viele Jahre – für manche sogar Jahrzehnte – liebevoller Zuwendung und herzlicher Anteilnahme, verständnisvollen Rats und vorgelebten Beispiels. Wir alle wünschen Dir von ganzem Herzen für die Zukunft Glück und Segen!

Das Patenkind spricht zum Ruhestand des Paten

Lieber Onkel Ernst,
heute morgen bist Du zum letzten Mal als Aktiver in den Betrieb gefahren und hast Abschied genommen von langjährigen Kollegen und einem vertrauten Arbeitsplatz. Zurückgekehrt bist Du als Pensionär, begleitet von vielen ehrenden Worten und guten Wünschen. Was ist das eigentlich für ein Gefühl, sozusagen von einer Stunde zur anderen losgesprochen zu sein von jahrelangen Pflichten, von täglichen Gewohnheiten, Kontakten, aber auch von Mühen und Ärgernissen? Ich stelle mir das schon merkwürdig vor und bin mir auch nicht ganz sicher, welche Gefühle in einem solchen Moment überwiegen. Erleichterung, daß endlich alles vorüber ist, Freude über einen neuen Lebensabschnitt mit mehr Freizeit? Wehmut, daß eine lange aktive Zeit zu Ende ist, Angst, nicht mehr dazuzugehören, zum alten Eisen gelegt zu werden?

Wahrscheinlich ein wenig von allem. Ein wenig unentschieden wird man sein, weil halt noch nicht genügend Zeit war, um festzustellen, was einem fehlt und was man nun dafür eingetauscht hat.

Paten begleiten ihre Patenkinder auf einer ganz wichtigen Teilstrecke der persönlichen Entwicklung. Sie übernehmen Mitverantwortung dafür, daß möglichst alle Stolpersteine auf dem Wege zur eigenen Persönlichkeitsentfaltung ausgeräumt, zumindest aber überwunden werden. Und so ist es nur recht und billig, wenn Patenkinder ihren Paten dann zur Seite stehen, wenn diese später in einen für *sie* neuen Abschnitt starten. Nun ist also der Zeitpunkt gekommen, in dem man als Patenkind seinem langjährigen treuen Wegbegleiter ein wenig von dem zurückerstatten kann, was man selbst dankbar, manchmal auch nur als selbstverständlich in einer schwierigen Lage für einen selbst angenommen hat: ein gutes Gespräch, ein hilfreicher Rat, vielleicht auch nur – einfach da zu sein, mitdenken und mitfühlen. In einer persönlich nicht ganz einfachen Situation sind weniger Worte sicher mehr – deshalb will ich es auch dabei bewenden lassen.

Du sollst wissen für den heutigen Tag und darüber hinaus: Wir sind immer für Dich da. Und: Es gibt nichts Besseres, als das Beste daraus zu machen.

Ein Freund des Hauses spricht (I)

Lieber Herbert,
zunächst einmal meinen herzlichen Glückwunsch zum neuen »Stand«, dem endlich erreichten Ruhestand. Nun habe ich mir überlegt, was soll man eigentlich seinem Freund in einem solchen Augenblick sagen? Ist Dir schon einmal aufgefallen, was das überhaupt für ein seltsamer Begriff ist: »Ruhestand«? Ist dieser »Zustand« tatsächlich so furchtbar sta-

tisch und bleiern, wie er klingt? Das Wort klingt ja förmlich so, als ob nichts mehr geht, als ob alles ruht und alles steht. Ruhestand – wirklich so schlimm?

Nein, ich glaube, eine solche Deutung wäre ein glattes Mißverständnis und diejenigen, die das hineininterpretieren wollen, verwechseln Ruhe mit Langeweile, Aktivität mit Hektik, Selbstverwirklichung und -bestätigung mit Arbeit und Broterwerb.

Ganz sicher gibt es eine Menge Menschen, die in ihrer Arbeit vollends aufgehen und sich auch so hineinstürzen, daß für sie damit gleichzeitig auch alle Grundbedürfnisse materieller, existentieller und kommunikativer Art abgedeckt sind. Für sie ist Arbeit alles, ohne Arbeit alles nichts. Das sind arme Leute, weil das Leben an ihnen vorbeigeht. Für die ist dann der Ruhestand natürlich auch ein existentielles Problem – ihre Daseinsberechtigung wird in Frage gestellt, das Selbstbewußtsein ist in Gefahr. Am liebsten werden sie dann krank oder sterben. Das ist die eine Gruppe, die sich vor dem Ruhestand fürchtet. Eine zweite Gruppe lebt im Endergebnis nicht anders. Diese Menschen haben zwar Interessen, Hobbys, Vorlieben oder Wünsche, aber sie kommen immer zu kurz. Weil man halt jetzt gerade keine Zeit hat, wird vertagt – unter dem Motto »Später einmal, wenn ich in Rente bin, dann...«. Diese Leute merken zwar, auf was sie zwischendurch verzichten, bilden sich aber ein, sie könnten später alles nachholen. Für die ist der Ruhestand zwar ein willkommener Abschnitt. Tatsächlich wird es aber eine Zeit voll von Unruhe, Belastungen und Frust, weil man ja längstens nicht mehr alles nachholen kann: manchmal fehlt die Zeit, manchmal die Kraft, oft die Kondition. Bleibt die dritte Gruppe, die sich ihr Leben in ihrer Umwelt so einrichtet, daß von der menschlichen »Wunschpyramide« keine Stufe zu kurz kommt. Sie arbeiten halt, um zu leben, und nicht umgekehrt. Und dabei bleibt dann doch genügend Zeit und Gelegenheit für alle anderen Grundbedürfnisse übrig. Da wird nichts überstrapaziert oder verdrängt. Man knausert nicht mit seiner Zeit und verschwendet sie auch nicht – man füllt sie aus.

Wer sich sein Leben und seine Zeit vernünftig eingeteilt hat, steht am Ende seiner Berufstätigkeit weder vor einem unerfüllbaren Nachholbedarf noch vor einem »Pensionsloch«. Er steht am Anfang eines neuen Abschnitts, der nicht weniger reizvoll oder erlebnisreich sein muß als die anderen – wenn man nur die neue Lebensqualität zu schätzen und zu nutzen weiß!

Du, lieber Herbert, hast Dich beizeiten zur dritten Gruppe geschlagen. Und deshalb bin ich auch sicher, daß Du keine Schwierigkeiten haben wirst, Deinen neuen Lebensabschnitt mit neuem »Standesbewußtsein« zu genießen. Ich wünsche Dir heute Glück, Zufriedenheit und vor allem Gesundheit, damit wir »Standesgenossen« mit unserem Beispiel die Jüngeren überzeugen können, daß unsere Philosophie die bessere gewesen ist.

Ein Freund des Hauses spricht (II)

Liebe Annemarie,
liebe Freunde,
verehrte Gäste,
wer wie Du heute aus einem lange und mit
Freude ausgeübten Beruf ausscheidet und in
den Ruhestand eintritt, zieht gern Bilanz,
wägt an einem solchen Tag das »Soll und Haben« eines langen Erwerbslebens ab. Wer sich
dabei wie Du, liebe Annemarie, mit Bilanzen
oder Gewinn- und Verlustrechnungen aus-
kennt, weiß, daß man sie natürlich auf die un-
terschiedlichste Art und Weise darstellen und
interpretieren kann: auf eine stille, ehrliche,
nüchterne Art oder auf eine laute, geschönte
oder gar »frisierte«. Die gleiche Bilanz wird
dann auf den ersten Blick oder beim ersten
Hinhören auch ganz anders aussehen. Wir,
die wir als Deine Freunde Dich über so viele
Jahre kennen- und schätzengelernt haben,
wissen, daß Du nicht zu den beredsamen und
lauten Tüchtigen gehörst, die jeden Aktivpo-
sten so lange wortreich beschreiben, daß man
darüber fast die Passiva vergißt. Von dieser
Eloquenz wird so mancher überrumpelt, und
zurück bleibt dabei immer das dumpfe Gefühl, hier müsse man dringend noch einmal
nachhaken, um auch die ganze Wahrheit zu
erfahren.

Bei einem stillen Typ wie bei Dir sind die
Stärken und Talente verborgen: Wer Dir zu-
hört beim Bilanzziehen, wird erst beim zwei-

ten oder dritten Male feststellen, wie viele stille Reserven sich in den von Dir so zurückhaltend geschilderten Posten verbergen. Er wird merken, daß es sich nicht einfach nur um eine ausgeglichene Bilanz handelt, sondern um eine, die vor gesunder Bescheidenheit geradezu strotzt. Solche Bilanzen kann man überall vorlegen. Die Kenner sehen ihre Qualität sofort. Der Vorteil liegt auf der Hand: Man bleibt glaubwürdig und überzeugend, auch ohne viel zu reden – oder gerade deswegen. Und: Die angesammelten Reserven machen einen frei und unabhängig für die Zukunft. Heute hast Du wahrscheinlich für Dich – wie immer still – eine Bilanz der zurückliegenden Berufsjahre gezogen. Wahrscheinlich fandest Du das Ergebnis ja auch »soweit ganz ordentlich« und deshalb ganz sicher auch nicht noch vieler weiterer Worte wert. Deine Freunde wissen und schätzen das, meinen aber, daß man am heutigen Tag doch wohl mal eine kleine Ausnahme machen könnte. Und deshalb dürfen wir Dir – um es noch einmal, aber damit zum letzten Mal an diesem Abend im »Fachchinesisch« auszudrücken – allesamt bestätigen, daß wir nach pflichtgemäßer Prüfung zur Feststellung gekommen sind, daß Deine Bilanz in Ordnung ist und sich überall und uneingeschränkt sehen lassen kann. Wir gratulieren Dir von Herzen zum erreichten Ruhestand und wünschen Dir noch viele schöne und gesunde Jahre, damit Du Dich von der strapaziösen Arbeit erholen und die Früchte eines engagierten Berufslebens ein wenig genießen kannst. Noch einmal: Herzlichen Glückwunsch und alles, alles Gute, liebe Annemarie!

Der Pensionär dankt

Ihr Lieben,
da habt Ihr mich ja schön überrascht: All die guten Worte und lieben Wünsche zum heutigen Tage – darauf war ich nun wirklich nicht gefaßt. Heute morgen im Betrieb, das war ja nicht neu. Die kleine Feier mit den Kollegen, die Worte des Meisters, die man schon ein paarmal gehört hat. Gut gemeint, aber doch immer ein wenig Pflichtübung. Ist ja auch klar. Da geht täglich einer in Ruhestand – das wird zur Routine.

Wenn man selbst davon betroffen ist, bleibt für die anderen die Routine, für einen selbst aber das Außerordentliche. Man freut sich, oder man verspürt eine gewisse Beklemmung. Man möchte lachen oder weinen. Kurz: In diesen wenigen Stunden, in denen man dann endgültig Abschied nimmt von einem ganzen langen Lebensabschnitt, geht einem eine ganze Menge durch den Kopf. Szenen und Bilder aus der Vergangenheit stürmen vorbei, erfreuliche Begegnungen und belastende Augenblicke. Alles stürzt auf einen ein, ungeordnet, gefühlsbelastet wie bei jedem Abschied. Man hört die kleinen Ansprachen, die gutgemeinten Würdigungen und Wünsche. Irgendwie registriert man doch, daß die bekannten und vertrauten Menschen einem helfen wollen, die Situation zu meistern, die sich für alle doch nicht so einfach darstellt, wie man zunächst vermuten möchte. Abschied zu nehmen von einem langen Lebensabschnitt, der Denken und Fühlen über viele Jahrzehnte mitbestimmte – das geht halt nicht in wenigen Minuten. Das ist schon ein längerer und gewiß nicht leichter Prozeß, aber er ist endgültig. Das mit wenigen Worten auszudrücken ist wahrscheinlich gar nicht einfach. Zumindest fällt es mir schwer. Ich möchte Euch daher nur sagen, daß ich Eure Worte und Wünsche verstanden habe. Nicht als Pflichtübung, nicht als Trostpflaster. Sondern als eine ehrliche und hilfreiche Handreichung in einer persönlich nicht ganz einfachen Situation. Dafür möchte ich Euch von ganzem Herzen danken. Seid willkommen im Hause eines »frischgebackenen« Ruheständlers!

Die Pensionärin dankt

Ihr Lieben,
wenn ich Euch alle so vergnügt hier zusammensitzen sehe, um mit mir meinen neuen »Zustand« als Rentnerin zu feiern, dann wird mir wieder ein wenig wohler ums Herz. Diejenigen von Euch, die dieses Ziel schon eine Weile vor mir erreicht haben, sind ja auch der augenfällige Beweis dafür, daß das Rentnerdasein keine todtraurige oder sterbenslang-

weilige Angelegenheit sein muß. Im Gegen-
teil! Manche von Euch haben nun noch weniger Zeit als sonst – ein Phänomen, dem auf die
Spur zu kommen ich ab dem heutigen Tage
nun hoffentlich genügend Gelegenheit haben
werde. »Zeit« ist das Stichwort, und Zeit ist das
Problem. Die ganze Zeit der Berufszeit hat
man zu wenig Zeit für die Freizeit. Hat man
dann genügend Freizeit, dann fehlt die Ver-
gleichszeit der Berufszeit. Wahrscheinlich ist
das dann der Grund, daß man mit der Zeit
kein Gefühl mehr für die Zeit hat, weil man
dann genügend davon hat.

Allein schon daran kann man sehen, daß –
wie es so schön heißt – alles »relativ« ist. Relativ froh bin ich auch heute, daß alles vorbei ist,
die langen Berufsjahre, der ständige Druck
des »Muß«, auch wenn einem mal nicht danach zumute ist. Relativ traurig bin ich, daß
eine vertraute Umgebung am Arbeitsplatz
verlorengeht und auf Dauer gesehen auch eine ganze Menge netter, kollegialer Kontakte.
Aber ganz uneingeschränkt froh bin ich darüber, daß Ihr alle heute abend als liebe Gäste
gekommen seid, um meinen Start ins Rentnerdasein mitzufeiern. Seid noch einmal
herzlich willkommen! Ich proste Euch zu und
danke Euch für die lieben Worte und die guten
Wünsche.

Reden zum Ruhestand am Arbeitsplatz

Der Meister verabschiedet einen Mitarbeiter

Sehr geehrter, lieber Herr Winkler,
liebe Mitarbeiterinnen und Mitarbeiter,
es entspricht gutem und bewährtem Brauch
der Modell-AG, unsere älteren Mitarbeiter im
Rahmen einer kleinen Feierstunde in den
wohlverdienten Ruhestand zu entlassen. Der
Betriebsleitung gibt das Gelegenheit, auch
einmal außerhalb des üblichen Arbeitsab-
laufs den Einsatz und das Engagement langjähriger Mitarbeiter zu würdigen – die Grund-
voraussetzungen für eine gesicherte Zukunft
unserer Gesellschaft und unserer Beschäftig-
ten. Herr Winkler gehört der Gesellschaft
nunmehr seit fast 30 Jahren an. Nach seiner
Lehre als Maschinenschlosser ist er viele Jahre im Auslandsmontagedienst eines Wupper-
taler Zweigbetriebs eingesetzt gewesen. Mit
Gründung einer eigenen Familie hat er sich
nach einem inländischen Einsatzort umgese-
hen und ist daher Ende der 50er Jahre in unsere Abteilung Modellbau eingetreten. Diese
Entscheidung erwies sich für beide Seiten als
ein ausgesprochener Glücksfall. In dieser Abteilung, die für unsere ausländischen Partner
Entwicklungsaufträge übernimmt, kamen

Herrn Winkler seine langjährigen Auslandserfahrungen zugute. Vertraut mit den Verhältnissen, Bräuchen, zu einem gewissen Grad auch mit den Sprachen unserer wichtigsten Kundenländer, war Herr Winkler stets gesuchter Ansprechpartner für die technischen und praktischen Fragen des Modellbaus. Herr Winkler erhielt seine vielen Auslandskontakte aufrecht, ohne reisen zu müssen. Wir profitierten von den in der Praxis erworbenen und auch dort immer wieder bewährten und ausgebauten Kenntnissen und Fähigkeiten. So wurde der Grundstock gelegt für eine jahrelang gedeihliche und – wie ich hinzufügen darf – auch menschlich überaus erfreuliche Zusammenarbeit. Die Modell-AG hat dies gewürdigt, indem sie Herrn Winkler 1975 zum Vorarbeiter ernannte und ihn anläßlich der 25jährigen Betriebszugehörigkeit mit der Modell-Nadel in Silber auszeichnete – der höchsten Anerkennung, die unser Betrieb für besondere Verdienste seiner Mitarbeiter zu vergeben hat. Mit dem heutigen Tage scheidet Herr Winkler aus dem aktiven Beruf aus und tritt in den wohlverdienten Ruhestand. Im Namen der Betriebsleitung und aller Kolleginnen und Kollegen darf ich Ihnen, lieber Herr Winkler, Dank sagen für die vielen Jahre guter und partnerschaftlicher Zusammenarbeit. Wenn wir Sie hier und heute verabschieden, bedeutet dies aber nicht, daß sich auch unsere Wege trennen. Unsere Pensionäre bleiben nämlich in unsere Betriebsgemeinschaft eingebunden und sind immer gern gesehene Gäste auf den Feiern und Veranstaltungen der Gesellschaft.

Lieber Herr Winkler, wir entlassen Sie heute in den Ruhestand. Wir wünschen Ihnen noch viele gute Jahre in Zufriedenheit und Glück. Wir rufen Ihnen heute zu: Alles Gute für die Zukunft und auf ein baldiges gesundes Wiedersehen, dann im Kreise der *ehemaligen* Kollegen!

Ein Betriebsrat verabschiedet einen Kollegen

Sehr geehrter Herr Müller,
lieber Schorsch,
liebe Kolleginnen und Kollegen,
die zweifache Anrede hat schon ihren Grund. Einmal gilt es, einen langjährigen verdienten Kollegen zu verabschieden, ihm Dank zu sagen für gute Zusammenarbeit und kollegialen Zusammenhalt. Zum zweiten gilt es, einem guten Freund und verläßlichen Partner in den vielen anstrengenden Arbeitsjahren im Betrieb Lebewohl zu sagen.

Ehrlich gestanden fällt mir das von Mal zu Mal schwerer. Immer wenn einer von uns geht – und Du, lieber Schorsch, bist einer von uns, warst es immer und wirst es bleiben –, weiß man nicht, was man eigentlich dazu sagen soll. Soll man sich mit ihm freuen, daß er es geschafft hat, die Arbeit, die Belastungen, den Streß halbwegs wohlbehalten zu überstehen?

Soll man mit ihm ein wenig traurig sein, wie bei jedem Abschied von einer vertrauten Umgebung und vertrauten Menschen? Oder bleibt es – wie so oft im Leben – bei dem lachenden und dem weinenden Auge? Wahrscheinlich, denn man kann ja das eine nicht haben, ohne das andere zu lassen. Und deshalb verabschieden wir Dich heute, lieber Schorsch, mit einem lachenden und einem weinenden Auge. Wir freuen uns mit Dir, daß es Dir gelungen ist, genügend Tatkraft, Gesundheit und Optimismus aufzusparen, um Dich auf Deinen Ruhestand auch freuen zu können. Wir sind mir Dir froh, daß Du mit soviel Anerkennung und Freundschaft in einen neuen Lebensabschnitt starten kannst. Das wollen Dir alle Kolleginnen und Kollegen mit ihrer Anwesenheit bei dieser kleinen Feierstunde heute noch einmal besonders ausdrücklich unter Beweis stellen. Wir sind ein wenig traurig, daß uns wieder ein Kollege verläßt. Aber wir sind froh darüber, daß er es gesund tun kann und auch aus eigenen Stücken! Und wir sind froh darüber, daß die Kontakte auch über diesen Tag hinaus bestehenbleiben.

Lieber Schorsch, alles Gute und auf ein baldiges und gesundes Wiedersehen!

Ein Abteilungsleiter verabschiedet einen Angestellten

Sehr geehrter, lieber Herr Hase,
liebe Mitarbeiterinnen und Mitarbeiter,
wieder einmal heißt es Abschied nehmen. Abschied von einem vertrauten Kollegen, der viele Jahre mit uns zusammen seinen Dienst in der Schadensabteilung versah. Herr Hase scheidet Ende des Monats aus dem Dienst der Allversicherungsgesellschaft aus, der er fast 20 Jahre als Sachbearbeiter angehörte. Sie, lieber Herr Hase, haben die Entwicklung der kleinen Mannheimer Niederlassung bis zur bestandskräftigen Bezirksdirektion miterleben und in Ihrem Verantwortungsbereich auch mitgestalten können. Ihnen, unserem Senior im Mitarbeiterstamm, haben wir viel zu verdanken. Von Ihrem überdurchschnittlichen Einsatz und Ihren aus langjähriger Erfahrung gewachsenen Kenntnissen haben wir alle immer profitieren können. Durch Ihre Zuvorkommenheit und stets ausgeglichene Art haben Sie dazu beigetragen, daß auch bei ständig zunehmenden Belastungen in unserer Abteilung der menschliche Zusammenhalt nicht zu kurz kam. Wenn Rat und Tat gefragt waren, waren Sie immer der gesuchte Ansprechpartner aller Kolleginnen und Kollegen. Daß man Sie daher in den Personalrat wählte und jedesmal mit besonders eindrucksvoller Mehrheit in diesem Amt bestätigte, unterstreicht wohl am besten Wert-

schätzung, Dank und Anerkennung, die Ihnen die Kollegen entgegenbringen. Ende des Monats nun scheiden Sie auf eigenen Wunsch aus dem Erwerbsleben aus. Sie haben von der Vorruhestandsregelung Gebrauch gemacht, um – wie Sie gesagt haben – »gleich zwei Fliegen mit einer Klappe zu schlagen«. Einmal hat man selbst am meisten davon, und zum zweiten gibt es wieder Platz für einen Jüngeren, der nachrücken kann. Sie wollten möglichst früh in den Ruhestand eintreten, um noch fit zu sein für das, was bisher immer ein wenig zu kurz gekommen ist. Nun haben Sie das erstrebte Ziel erreicht, und deshalb wissen wir auch, daß der Übergang in den Ruhestand für Sie keinerlei Probleme mit sich bringen wird. Sie tauschen die Zufriedenheit am Arbeitsplatz ein mit der Zufriedenheit in der Zeit danach. So soll es auch sein!

Wir verabschieden Sie heute in den Ruhestand und wünschen Ihnen alles Gute für Ihren weiteren Lebensweg!

Der Leiter einer Dienststelle verabschiedet einen Beamten

Sehr geehrter Herr Kunz,
meine sehr geehrten Damen und Herren,
liebe Kolleginnen und Kollegen,
nach 43 Jahren, die er im öffentlichen Dienst tätig war, verabschieden wir heute Herrn Amtmann Heinrich Kunz im Sozialamt IV der Bezirksverwaltung Hamburg-Nord in den

wohlverdienten Ruhestand. Das gibt mir willkommene Gelegenheit, Ihnen, sehr geehrter Herr Kunz, Dank und Anerkennung auszusprechen für Ihre langjährige vorbildliche Pflichterfüllung zum Wohle unserer Stadt und der Menschen, die Sie über vier Jahrzehnte hinweg betreut haben. Nach Ihrer Ausbildung als Bürokaufmann sind Sie nach dem Kriegsdienst als Verwaltungsangestellter bei der Entschädigungsbehörde eingestellt worden. 1947 traten Sie dann in das Wohlfahrtsamt ein, das der Vorläufer unseres heutigen Sozialamtes war. Sie haben von Anfang an die gebotenen Chancen der beruflichen Weiterentwicklung konsequent genutzt. Durch die erfolgreiche Teilnahme an den angebotenen Ausbildungs- und Aufstiegslehrgängen wurden Sie bereits 1950 in den mittleren und 1957 in den gehobenen Dienst übernommen. Mit der Übertragung des Sachgebiets »Altenbetreuung« und der Ernennung zum Amtmann im Jahre 1975 schließlich wurden Ihr Fachwissen und Ihr Arbeitseinsatz in unserem Amte entsprechend gewürdigt. Seit Ihrem Eintritt in unser Amt haben Sie sich in vorbildlicher Weise der Sorgen und Nöte jener Menschen angenommen, die Ihnen anvertraut waren. In einem Sozialamt sind es immer Mitbürger, die sich nicht auf der Sonnenseite des Lebens befinden. Ihnen wirksam, schnell, manchmal auch unbürokratisch zu helfen und darauf zu achten, daß trotz – oder gerade wegen – ihrer schwierigen Situation ihre Menschenwürde nicht angetastet wird, war Ihnen, sehr geehr-

ter Herr Kunz, stets hohe und verpflichtende
berufliche Aufgabe. Ich darf Ihnen heute bestätigen, daß Sie sie stets mit großem Sach-
wissen, überzeugendem Engagement und tie-
fem menschlichen Verständnis erfüllt haben.

Dafür darf ich Ihnen Dank und Anerkennung aussprechen, auch und gerade im Namen derer, als deren Anwalt Sie sich immer
gefühlt haben. Wir wünschen Ihnen noch viele
gute Jahre im Ruhestand!

Als kleines Abschiedsgeschenk der Kollegen darf ich Ihnen dieses Plattenalbum überreichen. Möge es Sie in vielen sonnigen und
heiteren Mußestunden, die wir Ihnen von
Herzen wünschen, an Ihre Zeit im Sozialamt
IV und Ihre alten Kolleginnen und Kollegen
erinnern!

Der Leiter einer Dienststelle verabschiedet eine Angestellte

Sehr geehrte, liebe Frau Werner,
liebe Mitarbeiterinnen und Mitarbeiter,
wir dürfen Sie heute in den verdienten Ruhestand verabschieden, liebe Frau Werner, verbunden mit unserem Dank für die jahrelang
treue Pflichterfüllung und den besten Wünschen für Ihre Zukunft. Fast 40 Jahre waren
Sie als Verwaltungsangestellte in der Schulverwaltung der Landeshauptstadt Düsseldorf
eingesetzt – zunächst als Schreibkraft, dann
als langjährige Leiterin der Lehrkanzlei für
Auszubildende und seit 1973 bis zum heutigen

Tag als Sachbearbeiterin im Dezernat Vergütung und Besoldung. Sie haben miterlebt (und dabei mitgeholfen), wie sich unser Amt aus den bescheidenen Anfängen der Nachkriegszeit zu seiner heutigen Bedeutung weiterentwickelt hat. Sie haben als eine der wenigen von Anfang an miterlebt, wie sich die Aufgabenstellung in einer Verwaltung während eines relativ kurzen Zeitraums doch grundlegend verändern kann. In der Nachkriegszeit hatten wir alle Hände voll zu tun, um mit provisorischen Mitteln wenigstens eine schulische Grundversorgung sicherzustellen. Es fehlte eigentlich an allem: an Räumen, an Lehrern, an Unterrichtsmaterial. Auch die Ernährung der Schüler ließ vielerorts zu wünschen übrig; die sogenannte Schulspeisung wurde organisiert, an die sich noch die wenigsten erinnern. Damals war Improvisationstalent mit eine der höchsten Verwaltungstugenden. Es war eine unruhige, aber auch eine produktive Zeit. Später, als sich das Leben langsam wieder normalisierte und stabilisierte, spiegelte sich das auch im Bereich unserer Verwaltung wider. Nach der möglichst gleichmäßigen Verteilung und Verwaltung eines allgemeinen Mangels wurden Reformen eingeleitet, neue Lerninhalte und Schulformen erprobt. Wieder begann eine unruhige Zeit für die Schüler, die Eltern, die Lehrer und die Schulverwaltung, die bis in die heutigen Tage anhält. Die Schule ist eben nicht nur der Ort bildungspolitischer Anstrengungen geblieben, sondern – man mag es noch so sehr bedauern – nicht selten die Stätte politischer und weltanschaulicher Querelen. Was als Versuch mit dem Ziel größerer Bildungsgerechtigkeit und qualifizierter Mitbestimmungsrechte gestartet worden ist, blieb oft genug im Durcheinander parteipolitischer Taktiererei und Profilierungssucht hängen. Nicht selten haben uns in der Verwaltung solche Fragen mehr beschäftigt als Probleme, die von ungleich größerem Gewicht für die Zukunft unserer Kinder waren.

Sie, liebe Frau Werner, haben auf Ihren verschiedenen Einsatzplätzen mit dazu beigetragen, über all die vielen Jahre eine geordnete und effektive Schulorganisation und -verwaltung sicherzustellen. Dafür gebührt Ihnen am heutigen Tag noch einmal Dank und Anerkennung.

Wir verabschieden Sie in den wohlverdienten Ruhestand mit den besten Wünschen für Ihr persönliches Wohlergehen und dürfen Ihnen als kleine Erinnerung an Ihre langjährigen Kollegen und Kolleginnen diesen Bildband überreichen.

Ein Schulleiter verabschiedet einen Lehrer

Sehr verehrter, lieber Herr Fröhlich,
verehrte Kolleginnen,
liebe Kollegen,
wir haben uns zu dieser kleinen Feierstunde zusammengefunden, um einen langjährig

vertrauten und verdienten Kollegen in den Ruhestand zu verabschieden. Mit Beginn der Osterferien scheidet Herr Fröhlich nach fast 35jähriger Tätigkeit aus dem Dienst aus und verläßt das Kollegium der Adalbert-Stifter-Schule. Wenn ich, lieber Herr Fröhlich, Ihre pädagogische Arbeit in den vielen Jahren beschreiben sollte, dann fallen mir drei Stichworte ein: Befähigung, Engagement, Leistung. Eigenschaften, die zusammen erst das ausmachen, was Pädagogen instand setzt, Beispiel und Vorbild für die ihnen anvertrauten Kinder zu werden und zu bleiben.

Ihnen, lieber Herr Fröhlich, hat man angemerkt, daß Ihnen Ihr Beruf stets mehr war als Arbeit und Broterwerb, sondern Überzeugung und Berufung. Ihre natürliche Autorität im Umgang mit jungen Menschen und ihre menschlich ausgeglichene Art haben Ihnen sowohl bei den Schülern als auch im Kollegium zu großem Ansehen und unbestrittenem Respekt verholfen. Deshalb bin ich ganz sicher, daß auch mit Ihrem Ausscheiden aus dem aktiven Dienst Kontakte und Begegnungen mit Ihren ehemaligen Kollegen und Schülern nicht abreißen werden. Diese Gewißheit wird Ihnen und uns das heutige Abschiednehmen erleichtern und viele Worte sparen, die wohl sonst anläßlich solcher Gelegenheiten üblicherweise gesprochen werden. Lassen Sie mich daher am Ende meiner kleinen Ansprache ein Wort eines Mannes einfügen, der – obwohl selbst kein Pädagoge – gerade uns Lehrern viel Nachdenkenswertes mit auf den Weg gegeben hat!

Der Schweizer Hans A. Pestalozzi hat in seinem Buch »Nach uns die Zukunft – Von der positiven Subversion« gesagt: »Es gibt keine Erziehung zur Wahrheit, weil es *die* Wahrheit nur in Diktaturen gibt. Aber es gibt eine Erziehung zur Wahrheitsliebe oder, anders gesagt, zur Fähigkeit, das, was einem andere als Wahrheit vorgeben, in Frage stellen zu können. Erziehung zur Wahrheit heißt, die Fähigkeit zu vermitteln, selbst nach dem suchen zu können, was ich persönlich als wahr empfinde, und mir keine angebliche Wahrheit vorschreiben zu lassen und andererseits dem Mitmenschen nicht meine Wahrheit aufzwingen zu wollen. Wäre also das nicht ein ganz entscheidender Schritt in die Suche nach Wahrheit und in die Erziehung zur Wahrheit: Die Fähigkeit, sich Alternativen vorstellen zu können zu dem, was ist, die Fähigkeit, Phantasie haben zu können?« Eine bemerkenswerte, eine nachdenkenswerte Passage in einem lesenswerten Buch!

Verehrter, lieber Herr Fröhlich, darf ich Ihnen dieses Buch als erste Ruhestandslektüre mitgeben, als kleine Erinnerung an Ihre alten Kolleginnen und Kollegen?

Heute wünschen wir Ihnen von Herzen alles Gute zum wohlverdienten Ruhestand!

Der Pensionär dankt

Liebe Kolleginnen und Kollegen,
oder muß ich schon sagen: »Liebe ehemaligen
Kolleginnen und Kollegen«? Als Sie, sehr geehrter Herr Meister, meine berufliche Zeit
und die vielen langen Jahre hier im Betrieb
soeben mit so ehrender und freundlicher Anerkennung nachgezeichnet haben, ist mir
durch den Kopf geschossen: »Wie kurz ist
doch eigentlich so ein Arbeitsleben, auch
wenn man es zwischendurch nicht so wahrha-
ben will!« Am Ende eines solchen Arbeitslebens kann man die Bilanz in wenige Worte
und Sätze fassen. Wenn man Glück hat wie
ich, sind sie gutgemeint, herzlich und ehrlich.
Sollte man aber Pech haben, was ja auch hin
und wieder einmal vorkommen soll, bleiben
ein paar routinierte Floskeln übrig, ein paar
nichtssagende Phrasen.

War wirklich nicht mehr? Ich glaube doch –
auch wenn es schwerfällt, alle Gedanken auszusprechen, die einen in solchen Augenblik-
ken beschäftigen. Ganz sicher heißt Arbeit
auch und nicht gerade selten Belastung,
Streß, Ärger und Unlust. Ganz sicher bedeutet Arbeit aber auch Zufriedenheit, Anerkennung, Selbstbestätigung, Ausgeglichenheit
und Erfolg. Am meisten wird einem das bewußt, wenn man keine mehr bekommt – was
ja tagtäglich immer mehr Kollegen am eigenen Leib erfahren müssen –, oder wenn man,
wie ich es heute tue, aus dem Berufs- und Erwerbsleben ausscheidet. Wichtig ist, glaube

ich, daß man über dem einen jeweils das andere nicht vergißt.

Weiterhin, daß man sich immer ein wenig
bemüht, über die Last und den Ärger eines
Augenblicks hinaus auch die schönen und zu-
friedenen Zeiten nicht zu vergessen. Schaut
man dann einmal rückwärts, wie ich das heute tue, sollen schon die positiven Seiten überwiegen. Nur in dieser Gewißheit läßt sich mit
einer gewissen Zufriedenheit in den Ruhestand wechseln, in der Gewißheit nämlich,
daß man sein Bestes gegeben hat und daß
nicht alles umsonst war, wofür man zeitlebens
gearbeitet und sich eingesetzt hat. So und
wahrscheinlich nur so empfindet man den
Eintritt in den Ruhestand nicht als Abschie-
bung oder als Überflüssig-Gewordensein,
sondern als neuen Lebensabschnitt mit einer
noch neu zu erfahrenden Lebensqualität. Wie
wohl bei vielen anderen hat es auch bei mir
früher Augenblicke gegeben, in denen es mir
beim Gedanken an den Ruhestand leicht mul-
mig wurde ... Das will ich gar nicht abstreiten.
Heute aber freue ich mich auf die neue Zeit
und die anderen Möglichkeiten, die sie mir
bietet. Sie, Herr Meister, und Sie alle, liebe
Kolleginnen und Kollegen, haben mich heute
mit netten Geschenken und vielen anerkennenden Worten in diese neue Zeit verabschiedet. Lassen Sie mich am Schluß Ihnen danken
für eine jahrelange, menschlich angenehme
und beruflich erfolgreiche Zusammenarbeit!
Es war eine gute gemeinsame Zeit, und ich
wünsche Ihnen allen eine glückliche Zukunft.

Die Pensionärin dankt

Liebe Kolleginnen,
liebe Kollegen,
Sie machen mir den Abschied nicht leichter.
Die vielen anerkennenden und freundlichen
Worte, die herzlichen Glückwünsche und die
netten Geschenke – dies alles führt einem die
Bedeutung dieses besonderen Augenblicks
noch einmal so richtig vor Augen. Man mag es
drehen und wenden, wie man will: Mit dem
Eintritt in den Ruhestand ist der wichtigste
Abschnitt im Leben eines Menschen zu Ende.
Die Zeit nämlich, in der man sich entwickelt,
in der man gestaltet, aufbaut, plant und um-
setzt. Eine Zeit voller Aktivität, manchmal
Hektik – eine Zeit voller Probleme, aber auch
vieler Träume. Und obwohl es der längste Abschnitt im Leben eines Menschen ist, hat man
manchmal das Gefühl, als seien einem die
Jahre nur so davongelaufen. Je älter man
wird, um so schneller – und irgendwann in
Riesensprüngen. Ich kann mich noch gut erinnern, als wir in den ersten Berufsjahren oft zu-
sammensaßen und diskutierten. Die Vorstellung, noch 45 Jahre arbeiten zu müssen, war
so unwirklich für uns Junge, daß uns außer
ein paar müden Witzen nicht sehr viel dazu
einfiel. Fünf Jahre Betriebszugehörigkeit, na
schön – aber 40? Unvorstellbar damals – heute
Realität. Und die Zeit dazwischen? Vorbei, ein
wenig wieder in die Erinnerung zurückgeru-
fen durch die netten Worte zu meiner Verab-
schiedung in den Ruhestand. Übrig geblieben

ist ein bißchen Wehmut, daß man Abschied nehmen muß. Übrig geblieben sind aber auch eine Menge schöner Erinnerungen an gemeinsame Arbeit und Erfolge, an nette Begegnungen und interessante Erlebnisse. Übrig geblieben ist das gute Gefühl, daß Kontakte geknüpft wurden und Freundschaften entstanden sind, die fast ein ganzes Arbeitsleben überdauert haben und ganz sicher auch mit dem heutigen Tage nicht enden. Übrig geblieben ist auch ein wenig Neugier, was denn die neue Zeit des Ruhestandes für einen bereithält, ob sie das auch hält, was man sich jahrelang davon versprochen hat.

Liebe Kollegen und Kolleginnen, nun sind es doch mehr Worte geworden, als ich ursprünglich vorhatte zu sagen, und noch nachdenkliche dazu. Deshalb möchte ich Ihnen allen am Schluß noch einmal herzlich danken für die vielen guten Wünsche für die Zukunft. Wie es altem Brauch im Kollegenkreis entspricht, haben wir auch einen kleinen Imbiß und Umtrunk vorbereitet. Darf ich Sie nun alle einladen, tüchtig zuzugreifen?

Ein Betriebsrat wird verabschiedet

Lieber Herr Lampert,
liebe Kolleginnen und Kollegen,
am Schluß unserer heutigen Betriebsversammlung habe ich noch eine ehrenvolle Aufgabe zu erfüllen. Herr Kollege Lampert, unser allseits beliebter und geschätzter Willi, tritt

mit Ablauf dieses Monats in den wohlverdienten Ruhestand. Da er noch ein paar Tage Resturlaub hat, trifft nun ganz zufällig sein letzter Arbeitstag mit unserer monatlichen Betriebsversammlung zusammen. Vielleicht haben wir auch dem Zufall ein klein wenig nachgeholfen. Wie dem auch sei – auf jeden Fall können wir unseren Willi heute im Kreise all derer verabschieden, für die er sich so viele lange Jahre engagiert und solidarisch eingesetzt hat. Willi Lampert ist seit seiner Lehre aktiver Gewerkschaftler. Und so war es für ihn nur selbstverständlich, die Interessen seiner Kollegen auch am Arbeitsplatz zu vertreten.

Willi Lampert war bereits als Lehrling – damals hieß man noch *so* – zum Jugendvertreter gewählt worden. Und nach der Ausbildung in den Betriebsrat. Das war noch eine Zeit, in der gewerkschaftliches Engagement und die Mitbestimmung im Betrieb nicht so selbstverständlich waren wie heute. Es mußte oft hart gerungen werden mit der Betriebsleitung, um die Rechte auf dem Papier auch mit Leben zu erfüllen. Willi Lampert warb für seine Ideen und überzeugte durch sein eigenes Beispiel. Das Vertrauen, das alle Kollegen ihm entgegenbrachten, wurde bei den Betriebsratswahlen immer mit besonders eindrucksvollen Ergebnissen bestätigt. Jahrelang war er auch Vorsitzender des Betriebsrats bis zu dem Zeitpunkt, in dem Betriebsräte für die Ausübung ihres Mandats freigestellt wurden. Ein von der Arbeit freigestellter Betriebsrat wollte Willi Lampert aber nicht sein. Aus seinem Selbstverständnis heraus befürchtete er, auf Dauer den täglichen Kontakt mit seinen Kollegen nicht mehr unmittelbar am Arbeitsplatz pflegen zu können, und kandidierte daher als Vertrauensmann. Wir alle haben unserem Willi Lampert viel zu verdanken. Wir freuen uns mit ihm, daß er voller Gesundheit und Vitalität in den wohlverdienten Ruhestand gehen kann. Wir sind sicher, daß er dabei seinen Betrieb und seine Kollegen nicht vergessen wird – genauso, wie wir unseren Willi Lampert in dankbarer Erinnerung behalten wollen.

Lieber Willi, wir alle wünschen Dir von Herzen noch viele schöne, vor allem aber gesunde Jahre!

Ein Betriebsinhaber wird verabschiedet

Sehr geehrter Herr Walter,
meine sehr geehrten Damen und Herren,
mit dem heutigen Tage legt unser hochvorehrter Senior, Herr Walter, die Verantwortung über die Walter-GmbH in jüngere Hände und zieht sich nach fast 20jähriger erfolgreicher Unternehmertätigkeit aus der Geschäftsführung zurück. Ich verrate hier ja kein Geheimnis, wenn ich sage, daß dieser Entschluß nicht unbedingt aus freien Stücken erfolgt, sondern auf dringendes Anraten des Arztes und auf inständiges Bitten Ihrer ganzen Familie. Sie, sehr geehrter Herr Walter, haben eben immer die eigenen Interessen den Belangen des Betriebes untergeordnet –

auch in gesundheitlicher Hinsicht. Sie haben sich in Ihrer Verantwortung für den Betrieb, die hier arbeitenden Menschen und deren Familien zeit- und kräftemäßig oft stärker eingesetzt, als es Ihnen gut getan hat. Deshalb ist es nun auch an der Zeit, daß Sie selbst die Warnungen und Bitten derer, die Ihnen nahestehen, ein wenig ernster nehmen und sich mehr als bisher um Ihr eigenes Wohlergehen sorgen. Sie, sehr geehrter Herr Walter, können dies ja auch in der guten Gewißheit tun, ein wohlgeordnetes Haus zu übergeben. Sie haben in den vergangenen 20 Jahren den Betrieb aus kleinsten Anfängen zu einem gesunden mittelständischen Unternehmen ausgebaut. Die Walter-GmbH hat als spezialisierter Werkmaschinenhersteller heute am Markt einen hervorragenden Ruf, im Inland wie im Ausland. Die Auftragsbücher sind gefüllt, die Finanzen geordnet, die Arbeitsplätze gesichert. Ihr Sohn steht als gut ausgebildeter Nachfolger bereit, die Familientradition bleibt gewahrt. Ein guter Zeitpunkt also, die Verantwortung zu übertragen und sich mehr als bisher um die Familie und die Gesundheit und die Freizeit zu kümmern. Wir wissen, daß Ihnen der Übergang nicht leicht werden wird. Aber wir hoffen und wünschen, daß die bevorstehende Kur Ihre Gesundheit so schnell und nachhaltig wiederherstellen wird, daß Sie sich mit dem gleichen Elan und der gleichen Tatkraft Ihren neuen Freiräumen widmen können wie bisher Ihrem Betrieb und Ihren Mitarbeitern.

Der Vorsitzende eines Altenclubs begrüßt ein neues Mitglied

Lieber Herr Schröder,
herzlich willkommen bei dem Grey-Panther-Club Wiesbaden! Sie sind, wie alle anderen in diesem Kreise auch, zu uns gestoßen, weil Sie mit uns der Meinung sind, daß gerade wir Älteren in verstärktem Maße eine aktive Lobby in dieser Gesellschaft brauchen. Und wer könnte diese Interessen besser vertreten als wir selbst? Ich weiß, daß in der Öffentlichkeit der Zusammenschluß von älteren Menschen zu einer rührigen Interessenvertretung zunächst mit einigem Amüsement aufgenommen worden ist. Auch der Name hat bisweilen wohl zu Kopfschütteln geführt, weil einige sich darunter überhaupt nichts vorstellen konnten.

Aber das hat sich schnell gelegt nach den ersten Aktionen in Bonn und nach unseren Voranstaltungen mit Politikern in den einzelnen Wahlkreisen. Das waren einige »Größen« offenbar schon lange nicht mehr gewöhnt, daß sie einmal außerhalb der Wahlkampfzeiten bei den Älteren antreten mußten, Rede und Antwort stehen mußten ausnahmsweise auch zu Fragen, zu denen vorher im Parteibüro nichts vorbereitet und ausgearbeitet worden war.

Es hat schon Spaß gemacht zu sehen, wie die veränderte Rollenverteilung einige Leute ins Schwitzen gebracht hat! Es scheint aber nicht gerade geschadet zu haben, denn so viele Gesprächs- und Diskussionsangebote oder Einladungen wie zur Zeit hatten wir schon lange nicht mehr. Aber alle sollen wissen, daß wir es uns leisten können, wählerisch zu sein. Und das im wahrsten Sinne des Wortes. Wir wollen genauso umworben werden wie andere. Man wird sich daran gewöhnen müssen, daß die Älteren in diesem Lande nicht mehr eine schweigende Mehrheit bleiben, sondern selbstbewußte aktive Interessenvertretung sein wollen. Denn schließlich sind wir wer, und wir wissen, was wir wollen. Unser Club ist allen frei zugänglich, die sich selbst engagieren wollen oder auch nur die gemeinsame Idee unterstützen wollen. Wir sind unabhängig von Parteien oder anderen Organisationen und Standesinteressen. Wir vertreten nur uns selbst, aber das genauso hartnäckig und vielleicht auch spitzfindig wie andere Gruppen in dieser Gesellschaft auch. Man wird sich an uns gewöhnen müssen und mit uns zu rechnen haben. Und deshalb freuen wir uns über jeden, der zu uns stößt und mithilft, die Rechte der Älteren in dieser Gesellschaft mit neuem Leben zu erfüllen.

Lieber Herr Schröder, noch einmal herzlich willkommen als neues Mitglied in unserem Club!

Der Hausmeister einer Wohnanlage wird verabschiedet

Lieber Herr Schreiner,
die Hausgemeinschaft der Alten Heimat Friedrichsdorf verabschiedet Sie heute in den wohlverdienten Ruhestand. Sie waren fast 18 Jahre lang sozusagen der gute Geist dieser Wohnanlage, immer ansprechbar und immer hilfsbereit, wenn Not am Mann – vor allem am gesuchten Fachmann – war. Und das ist ja in einer so großen Wohnanlage praktisch immer der Fall. Denn die Hausverwaltung ist weit, und vor die Mängelbeseitigung hat die Alte Heimat die Bürokratie und einige vielbeschäftigte Vertragshandwerker gesetzt. So wurde dank Ihres Improvisationstalentes und Ihrer Geschicklichkeit so manches gewissermaßen im Handumdrehen erledigt, was andernfalls nicht nur Tage voller Warterei und Ärger beansprucht hätte, sondern auch noch umständlichen Papierkrieg und endlose Telefonate erfordert hätte. Vieles von dem, was Sie auf diese Weise für uns organisiert, erledigt und repariert haben, gehörte nicht zu Ihren Aufgaben und Pflichten. Bei der gleichen buchstabengetreuen Vertragsauslegung, wie sie Hauseigentümer und -verwaltung manchmal an den Tag legen, hätte uns das in den vergangenen 18 Jahren viel Zeit, viel Geld, vor allem aber sehr viel Nerven gekostet. So verdanken wir Ihnen in ungezählten Fällen ein geruhsameres und störungsfreieres Wohnen, kurzum, schon eine ganz gehörige zusätzliche

Portion Lebensqualität. Wir haben uns lange überlegt, was wir unserem »guten Hausgeist« als kleinen Dank und Anerkennung für diese lange Zeit einer wirklich vorbildlichen Betreuung der gesamten Hausgemeinschaft schenken könnten.

Zunächst einmal diese Flasche! In ihr befindet sich ebenfalls ein guter, alter Geist in flüssiger Form für ein paar beschauliche und vergnügte Mußestunden. Dann dieser Umschlag! Darin findet sich das Ergebnis des Sammelns bei allen Mitbewohnern, die hoffen, daß Sie sich damit vielleicht einen oder mehrere langgehegte Wünsche erfüllen können.

Wir meinten, daß Sie sich das Passende viel besser aussuchen können als wir. Ich darf Ihnen im Namen der Hausgemeinschaft unser Geschenk überreichen als herzlichen Dank für eine lange und stets angenehme Betreuung in allen Normal- und auch Ausnahmefällen, die bei einer solch großen Wohnanlage und so vielen Mitbewohnern nun einmal eintreten.

Reden zum Ruhestand im öffentlichen Bereich

Ein Abgeordneter wird verabschiedet

Sehr verehrter, lieber Herr Hardenberg,
meine lieben Parteifreunde,
meine sehr geehrten Damen und Herren,
die letzte Delegiertenkonferenz des Kreisverbandes in der laufenden Legislaturperiode ist eröffnet. Wie alle vier Jahre wird hier der Wahlkreiskandidat für den Landtag nominiert. In den vergangenen drei Legislaturperioden hatten wir es da einfach. Jedesmal wurde der bewährte Vertreter unseres Wahlkreises, unser verehrter Parteifreund Hardenberg, mit eindrucksvoller Mehrheit der Kreisdelegiertenkonferenz als Kandidat gewählt. Und mit ebenso eindrucksvoller Mehrheit hat er diesen Wahlkreis für unsere Partei alle vier Jahre wieder gewonnen. Unser Freund Hardenberg war für uns sozusagen immer eine sichere Bank, auf die wir setzen konnten und durften. Für die Wähler war Hans Hardenberg »ihr« Abgeordneter im Düsseldorfer Landtag, »ihr« Interessenvertreter auch dann, wenn sie unserer Partei nicht nahestanden. Wer jemals seine wöchentliche Sprechstunde besuchte, lernte schnell verstehen, warum Hans Hardenberg als Anwalt des kleinen Mannes uneingeschränkt von allen

respektiert wurde. Niemand ging hinaus ohne
den erbetenen Rat oder die erforderliche Unterstützung. Als Abgeordneter dieses Kreises
war Hans Hardenberg für alle da, die Hilfe
brauchten. Nichts war ihm zuviel. Statt viele
große Worte bei Veranstaltungen zu machen
und spektakuläre Auftritte in der Öffentlichkeit zu absolvieren, arbeitete hier ein Abgeordneter still, aber effektiv für die Interessen
der Bürger seines Wahlkreises. Hier mußte
ein Rentenbescheid überprüft werden, da
fehlte ein Ausbildungsplatz. Hier klappte die
Unterrichtsversorgung nicht, dort fehlte einem Verein ein Zuschuß für die Jugendarbeit.
Hans Hardenberg kümmerte sich um all diese
Dinge, nutzte alle Möglichkeiten und Beziehungen, die ihm zu Gebote standen, um ra-
tend und helfend »seinen« Bürgern beizuste-
hen. Das Vertrauenskapital, das sich unser
Freund Hardenberg in den vergangenen drei
Legislaturperioden damit hier im Kreise er-
warb, hat unserer Partei ganz sicher oft mehr
geholfen als ein noch so schön auf Hochglanz-
papier gedrucktes Wahlprogramm. Hans
Hardenberg hat durch seine Persönlichkeit,
seine Leistung und seine Zuverlässigkeit die
Wähler überzeugt, und sie haben ihm das
auch immer honoriert. Hans Hardenberg hat
den Kreisvorstand wissen lassen, daß er aus
gesundheitlichen Gründen nicht mehr für eine vierte Legislaturperiode zur Verfügung
stehen kann. Auch wenn wir diesen Entschluß
aus persönlichen Gründen ebenso bedauern
wie aus politischen – wir respektieren ihn in

uneingeschränkter Anerkennung und mit großem Dank einem Manne gegenüber, der sein Wahlamt stets als hohe Verpflichtung für die Bürger seiner Heimat angesehen hat und sein politisches Handeln engagiert dieser Verpflichtung untergeordnet hat. Wir alle – die Mitglieder dieser Partei, seine Wähler, die Bürger dieses Kreises –, wir alle schulden Hans Hardenberg Dank für seinen hohen Einsatz als Abgeordneter dieses Wahlkreises. In diesen Tagen hat der Herr Bundespräsident die Arbeit unseres Freundes Hardenberg mit dem Bundesverdienstkreuz ausgezeichnet, und der Herr Landtagspräsident hat auf einem offiziellen Empfang die ausscheidenden Damen und Herren Abgeordneten ausführlich gewürdigt.

Wir, die Delegierten des Kreisverbandes als politischer Heimat unseres Freundes Hardenberg, haben keine Ehrenzeichen zu vergeben und keine Staatsempfänge zu veranstalten. Was wir aber können und was uns über diese Stunde hinaus ein herzliches Anliegen bleiben wird, ist, Hans Hardenberg für seinen beispielhaften Einsatz zum Wohle seiner Mitbürger zu danken und ihm zu versichern, daß wir uns bemühen werden, unsere eigene Arbeit an diesen hohen Maßstäben auszurichten. Im Namen aller Delegierten und Mitglieder unseres Kreisverbandes darf ich Ihnen, sehr verehrter, lieber Herr Hardenberg, sagen: Sie haben sich um unsere schöne Heimat, Ihre Mitbürger und unsere Partei verdient gemacht. Die Delegierten dieser Konferenz haben sich von ihren Plätzen erhoben, um Ihnen in dieser Stunde den verdienten Dank und hohen menschlichen Respekt auszudrücken.

Ein Bürgermeister wird verabschiedet

Sehr verehrter, lieber Herr Bürgermeister Spengler,
meine sehr geehrten Damen und Herren vom Gemeinderat,
liebe Mitbürgerinnen und Mitbürger,
mit Ablauf dieses Monats, in dem Sie Ihr 60. Lebensjahr vollenden, endet auch Ihre Amtszeit als Bürgermeister dieser Stadt. Die heutige Gemeinderatssitzung war mithin die letzte, die unter Ihrem Vorsitz stattfand. Sie soll nicht enden, ohne daß wir Sie auch in diesem Gremium offiziell verabschieden, Ihnen Dank sagen für die vielen langen Jahre gemeinsamer politischer Arbeit zum Wohle der Bürger unserer Stadt.

Sie, lieber Herr Bürgermeister Spengler, haben die Geschicke unserer Gemeinde nun fast auf den Tag genau 14 Jahre geleitet. Zusammen mit vielen Mitbürgerinnen und Mitbürgern sind sich alle Fraktionen des Gemeinderates darin einig, daß es eine gute Zeit für uns alle gewesen ist. Selbst bei allen bestehenden politischen Meinungsverschiedenheiten ist es uns gelungen, im Gemeinderat immer dann eine gemeinsame Linie zu finden, wenn weitreichende Entscheidungen für die Zukunft gefunden werden mußten. Das war bei der Planung und Durchführung der Ortsumgehung nicht anders als bei der heißumstrittenen Frage der Auflösung des Krankenhauses und der Überführung des Stiftungsvermögens in eine Altenpflegeeinrichtung. Als Bürgermeister dieser Stadt und damit zugleich als Vorsitzender des Gemeinderates haben Sie es da nicht immer leicht gehabt. Einen Kompromiß zu finden zwischen dem politischen Wollen der im Gemeinderat vertretenen Parteien und Gruppen und dem, was aus der Sicht der Verwaltung notwendig und geboten erschien, das verlangte oft viel Überzeugungskraft, manchmal eine gute Portion Fingerspitzengefühl oder auch Hartnäkkigkeit, immer aber die Fähigkeit, alle Argumente aufzunehmen, sie abzuwägen und letztlich eine Mehrheit auf eine akzeptable Lösung zu verpflichten, ohne jedoch die unterlegene Minderheit zu vergrämen. Alle Fraktionen dieses Gemeinderates sind sich darin einig, daß Sie, sehr verehrter Herr Bürgermeister, diese schwierige Aufgabe in Ihrer gesamten Amtszeit zum Wohle unserer Stadt und unserer Mitbürger hervorragend gelöst haben. Sie haben das Kunststück fertiggebracht, in diesem Gemeinderat bei den wichtigen Fragen Kommunalpolitik auch über Parteigrenzen hinweg zu betreiben. Und so war dieses Gremium weniger ein Forum für weltpolitische Absichtserklärungen oder weltanschauliche Kontroversen als vielmehr ein Platz, an dem die Sorgen und Nöte unserer Gemeinde diskutiert und einer Lösung zugeführt wurden. Von dieser nüchternen, aber effektiven kommunalpolitischen Sacharbeit im Gemeinderat haben alle profitiert. Nicht nur wir, die wir als »Feierabendpolitiker« schon genug Schwierigkeiten haben, die zur Verfügung stehende Zeit sinnvoll so aufzuteilen, daß neben der Arbeit und der Politik auch die Familie und die – darf man sagen: anderen? – Hobbys nicht zu kurz kommen. Am meisten davon profitiert haben unsere Stadt und ihre Einwohner, für die wir stellvertretend in diesem Gemeinderat zusammenarbeiten.

Sehr verehrter, lieber Herr Spengler, der Gemeinderat verabschiedet Sie heute offiziell als Bürgermeister dieser Stadt, in der Sie nun Ihren wohlverdienten Ruhestand verleben und genießen wollen. Wir sind ganz sicher, daß Sie auch weiterhin mit großem Interesse und lebhafter Anteilnahme mitverfolgen werden, wie sich so manches weiterentwickelt, das wir zusammen mit Ihnen auf den Weg gebracht haben. Im Namen des gesamten Gemeinderates darf ich Ihnen heute noch einmal versichern, daß es stets eine gedeihliche und menschlich angenehme Zusammenarbeit gewesen ist. Wir danken Ihnen in dieser Stunde des Abschieds dafür herzlich – auch im Namen der Bürger unserer Stadt.

Wir wünschen Ihnen und Ihrer Familie noch viele gute Jahre in einer Gemeinde, die Ihrer Arbeit, Ihrem Einsatz, Ihren Anregungen und Ideen so sehr viel verdankt.

Eine Gemeinderätin
wird verabschiedet

Sehr verehrte, liebe Frau Hansen,
liebe Kolleginnen und Kollegen,
am Ende dieser Wahlperiode gilt es Abschied
zu nehmen von einer langjährig vertrauten
Kollegin im Gemeinderat.

Sie, liebe Frau Hansen, stehen – wie wir alle
zutiefst bedauern – für eine erneute Kandida-
tur nicht mehr zur Verfügung. Deshalb ist es
uns heute eine liebe Ehrenpflicht, Sie im Kreise aller Kolleginnen und Kollegen des Gemeinderates zu verabschieden, mit denen Sie
zwei Wahlperioden lang zum Wohle unserer
Bürger zusammengearbeitet haben.

Mit Ihrer Wahl in den Sindelfinger Gemeinderat haben Sie sich der verantwortungsvol-
len Arbeit im Ausschuß für Jugend, Sport und
Soziales zur Verfügung gestellt. Zunächst als
Stellvertreterin und danach als Ausschußvor-
sitzende haben Sie mit großem Engagement
die Interessen unserer Mitbürger im Gemein-
deparlament vertreten. In den vergangenen
vier Jahren haben Sie darüber hinaus im
Haupt- und Finanzausschuß mitgearbeitet.
Nur wer die hohen Anforderungen an das eh-
renamtliche Engagement von Bürgern in den
Kommunalparlamenten kennt, weiß Ihre Leistungen für diese Stadt und ihre Einwohner
erst richtig zu schätzen und zu würdigen.

Der Geist unserer Demokratie, der sich in
besonderem Maße auf die freie Selbstverwal-

tung unserer Kommunen stützt, wäre nicht mit Leben zu erfüllen – wahrscheinlich auch kaum noch am Leben zu erhalten –, wenn sich nicht immer Frauen und Männer uneigennützig für die Mitarbeit in den Gemeindevertretungen zur Verfügung stellen würden. Wenn es nicht Mitbürger gäbe, die sich nicht Abend für Abend in den Fernsehsessel verkriechen, sondern in ihren Gemeinden an der Lösung der anstehenden Probleme mitarbeiten. Das ist eine Belastung, die neben Beruf, neben Hausarbeit noch einmal den ganzen Mann oder – wie in Ihrem Falle – die ganze Frau fordert. Mit diesen kommunalen Ehrenämtern ist kein Geld zu verdienen und kein Ruhm zu erlangen. Häufig genug ist es eine mühevolle Arbeit im kleinen und im stillen. Was wir Ihnen heute, liebe Frau Hansen, für Ihre verdienstvolle Mitarbeit in unserem Gemeinderat anbieten können, wäre wahrscheinlich für andere zuwenig. Wir dürfen Ihnen heute – stellvertretend auch für die Bürger in unserer Stadt – herzlich Dank sagen für Ihren beispielhaften Einsatz und Ihre konstruktive Mitarbeit bei acht Jahren Sindelfinger Kommunalpolitik.

In dieser Stunde gebühren Ihnen unser aller Anerkennung und Respekt, verbunden mit den besten Wünschen für Ihre Zukunft. Heute verlieren wir zwar ein engagiertes und unermüdliches Mitglied des Gemeinderats, wir behalten aber eine bewußte Bürgerin, die – so hoffen und wünschen wir heute alle – noch viele Jahre die Arbeit und das Leben in ihrer

Heimat mit stets wacher und liebevoller Anteilnahme verfolgen wird.

Ich darf Ihnen nun im Namen aller Kolleginnen und Kollegen dieses Buchgeschenk und dieses Gebinde überreichen als kleines Zeichen unserer Wertschätzung.

Eine Gemeindeschwester wird verabschiedet

Sehr verehrte, liebe Schwester Anne,
meine sehr geehrten Damen und Herren,
nach fast einem Menschenleben aufopferungsvollen Dienstes an ihren Nächsten tritt unsere verehrte Gemeindeschwester Anne nunmehr in den Ruhestand. Unsere Gemeindeschwester Anne! Das Wort »unsere« sagt eigentlich mehr als alles andere, was man in einer solchen Abschiedsstunde an Worten suchen und finden könnte. »Unsere« bedeutet nicht nur, daß sie einfach zu uns gehört, sondern auch, daß wir sie die ganze Zeit über wie selbstverständlich für uns vereinnahmt hatten. Schwester Anne war immer da, wo und wann auch immer sie gebraucht wurde. Sie betreute unsere Kinder oder deren Eltern, unsere Alten und die Kranken. Sie versorgte den Haushalt, erledigte die notwendigen Einkäufe und knüpfte Kontakte und Verbindungen, wann immer sie erforderlich wurden. Unsere Schwester Anne hat über 40 Jahre ihres Lebens für ihre Mitbürger aufgeopfert, Tag für Tag, oft Nacht für Nacht. Sie hat geholfen und

getröstet, zugepackt und einfach nur zugehört. Und niemand, der ihr in all diesen Jahren begegnen durfte, hat sie jemals unlustig gesehen, ungeduldig oder gar verärgert – selbst dann nicht, wenn die dringenden Hilferufe sich überstürzten. Schwester Anne hat die Last der Verantwortung, die sie für ihre Mitmenschen übernommen hat, immer mit hingebungsvoller Bereitschaft und tiefer Menschlichkeit getragen. Sie hat nie für sich gebeten oder gar gefordert, sondern immer nur anderen gegeben. Sie hat gleichermaßen voller Überzeugung und Demut uns allen ein eindrucksvolles Beispiel hoher menschlicher Nächstenliebe vorgelebt. Schwester Anne war der »gute Geist« in unserer Gemeinde – und wer weiß, ob die Lücke, die ihr Weggang hinterlassen hat, jemals wieder geschlossen werden kann? Wir alle sind Ihnen, verehrte, liebe Schwester Anne, für Ihre Arbeit, Ihren Einsatz und Ihr Beispiel vieles schuldig geblieben, weil man vieles nicht entgelten kann und manches auch nicht wieder gutmachen kann. Und so bleibt uns in dieser Abschiedsstunde nur der Versuch, mit Worten auszudrücken, was wir an Dankbarkeit, an Respekt und an Liebe unserer Schwester Anne entgegenbringen. Auch wenn Sie mit dem morgigen Tag aus dem aktiven Dienst ausscheiden und sich selbst einmal ein wenig die längst verdiente Ruhe und Erholung gönnen wollen – in unseren Herzen und in unserem Gedächtnis bleiben Sie das immer, was Sie über vier

Jahrzehnte für uns alle waren: unsere Schwester Anne.

Der wir alle nun von ganzem Herzen wünschen, daß ihr noch viele schöne und glückliche Jahre vergönnt sein mögen, daß ein be-
sinnlicher Lebensabend wenigstens ein bißchen Ausgleich bringen wird für ein Leben im
Dienste der Mitmenschen!

Ein Vereinsvorsitzender
wird verabschiedet

Lieber Herr Peters,
verehrte Mitglieder,
Beamte gehen in Pension, gewöhnliche Sterb-
liche in Rente. Die einen müssen sich bis 65
abrackern, andere bekommen vom Staat eine
Riesenabfindung, weil sie nicht mehr beför-
dert werden können und daher frustriert
schon mit Mitte 40 in den Ruhestand gehen
müssen. Manche – so wird heute hier und da
gewitzelt – probieren es gar nicht erst mit Arbeiten, sondern gleiten mit sanftem Übergang
von der Ausbildung in die Pension. Aber was
macht ein langjähriger Vereinsvorsitzender,
wenn er selbst einmal in die Jahre kommt?
Können Vorsitzende überhaupt in Rente gehen, oder steht ihnen wenigstens ob ihrer Verdienste eine Pension zu? Wahrscheinlich
kommt es dabei auf den Verein an, dem man
vorsitzt. Es gibt Vereine, die ihre Vorsitzenden am leichtesten dadurch loswerden, daß
man sie in einen großzügig dotierten Ruhe-

stand entläßt. Dabei handelt es sich meistens um Vorsitzende, die ihren Vereinen nur Kummer bereiten, weil der Vereinszweck nicht schnell genug erreicht wird, nämlich einen Platz an der wohlgefüllten Futterkrippe zu ergattern. Zu deutsch: Wahlen zu gewinnen oder mindestens als Koalitionspartner zu Tisch geladen zu werden. Solche Vorsitzende bekommen Rente oder Pension, weil der Steuerzahler diese Vereine ja besonders großzügig unterstützt. Damit können wir aber leider nicht dienen.

Wir sind nur der Skatclub »Bloß nicht passen« und haben schon enorme Schwierigkeiten, den Reinerlös unseres Kreisturniers steuerfrei zu behalten und nicht in sogenannte Spendenaffären verwickelt zu werden.

Nein, wir haben unseren Vorsitzenden nichts zu bieten außer viel Arbeit und ein wenig Spaß.

Wahrscheinlich ist das auch der Grund dafür, daß sich so wenige um ein solches Amt reißen und daß wir auch keine Abfindungen und Zusatzrenten zahlen müssen, damit wir sie wieder loswerden.

Nun bin ich doch irgendwie vom Thema abgekommen, lieber Herr Peters. Eigentlich wollten wir Sie ja heute als Vorsitzenden unseres Clubs in den Ruhestand entlassen – gemäß Ihrem Wunsch, mit dem Ausscheiden aus dem Erwerbsleben sich voll und ganz einem unbeschwerten Rentnerdasein zu widmen und deshalb auch das Mitwirken im Verein mehr von der passiven Seite her zu betreiben. Wer von uns sollte einem verdienten Skatbruder einen solchen Wunsch abschlagen? Doch wohl keiner!

Deshalb entlassen wir heute unseren langjährig verdienten Vorsitzenden, unseren lieben Skatbruder Helmut Peters, in den Ruhestand. Wir danken ihm herzlich für die geleistete Arbeit und wünschen dem neuen aktiven-passiven Mitglied und frischgebackenen Ruheständler zumindest für die nächste Zeit stets ein gutes Blatt, damit ein angenehmer Übergang in den neuen Lebensabschnitt gewährleistet bleibt.

Ein Vereinsmitglied wird verabschiedet

Lieber Heinrich,
liebe Gartenfreunde,
die Gartenfreunde aus dem Saatfeld sind wie eine große Familie Hier wird nicht nur gemeinsam geplant, gearbeitet und einem gemeinsamen Hobby nachgegangen, hier wird auch gemeinsam gefeiert. Aber nicht nur die Feste, die die Gartenfreunde ohnehin verbinden, wie Frühlings- und Sommerfest, Erntedank oder Weihnachten. Grund zum Feiern für alle gibt es nämlich auch bei allen bedeutungsvollen Ereignissen im Privatbereich der Gartenfreunde. Da schließt sich niemand aus, wenn Geburtstag gefeiert wird, wenn eine Verlobung ins Haus steht oder – was allerdings leider noch nicht der Fall war – wenn es

einen Sechser im Lotto geben würde. Alle diese Ereignisse sind es wert, vom Stammtisch im Vereinshaus ausgiebig besprochen und kommentiert zu werden – die obligatorische Runde wird fällig, denn schließlich muß der Wirt ja auch von irgend etwas leben.

Heute gibt es wieder einen wichtigen Grund: Unser Heinrich hat es endlich geschafft und beginnt am kommenden Montag gesund und munter sein ersehntes Rentnerdasein. Lieber Heinrich, herzlichen Glückwunsch und willkommen im Kreise derer, die endlich mehr Zeit für unser schönes Hobby haben! Ab Montag bist Du ein freier Mann, ohne Stechuhr, ohne Schicht, ohne Ärger und ohne Streß. Ab Montag bist Du von Beruf Rentner oder Ganztagsgärtner, gerade wie Du willst. Du wirst sehen, daß man sich an diesen Zustand schnell gewöhnt – jetzt kommen die *schönen* Jahre. Wir wünschen Dir einen guten Start! Wie es sich gehört, hat unser guter Hans die erste Runde zur Feier dieses Tages schon gezapft. Wir wollen den edlen Spender nicht enttäuschen und die gepflegte Blume nicht verkommen lassen.

Lieber Heinrich, liebe Gartenfreunde,
auf das spezielle Wohl unseres Heinrich, auf daß er uns als Rentner noch viele Jahre so frisch und munter erhalten bleibe! Prost!

Der Präsident
eines Bundesverbandes
wird verabschiedet

Sehr geehrter Herr Doktor Pommerenke,
verehrte Festversammlung,
der Deutsche Verband für Bürokommunikation hat Sie alle zu dieser Feierstunde eingela-
den, um Sie, Herr Doktor Pommerenke, seinen langjährigen Präsidenten, in den Ruhestand zu verabschieden. Herr Doktor Pommerenke hat unseren Bundesverband aus kleinsten Anfängen zu seiner heutigen Bedeutung
geführt. Heute betreut und repräsentiert unsere Geschäftsstelle in Bonn über 1200 Firmen
in allen Bundesländern. Unser Verband ist
noch jung, etwa ein Jahrzehnt, aber in dieser
Zeit sind gerade in unserer Branche Entwick-
lungen abgelaufen oder eingeleitet worden,
die nicht nur das Verhältnis zwischen Kunden
und Firmen berühren, sondern weit in das ge-
sellschaftliche Leben hineinwirken. Die Entwicklung der Kommunikationstechnik ist
nicht kontinuierlich verlaufen, sondern häufig in Schüben und Innovationssprüngen. Das
hat bei uns selbst, bei den Anwendern und in
der Öffentlichkeit zu unterschiedlichen Re-
aktionen geführt, die von wahrer Euphorie bis
hin zu totaler Kritik und Ablehnung reichten.
Die erzielten, manchmal aber auch die ver-
meintlichen Rationalisierungsmöglichkeiten
haben darüber hinaus bei vielen Arbeitneh-
mern und ihren Interessenvertretungen zu
der Befürchtung geführt, daß angewandte

Kommunikationstechnik im Büro gleichzu-
setzen sei mit Arbeitsplatzverlust, Leistungs-
schwund und Überwachung. Die einen sehen
in der weiteren Entwicklung der Bürokommunikation alles als machbar, gestaltbar, er-
setzbar. Die anderen hingegen schätzen die
gleiche Entwicklung ein als unkontrollierbar
und zunehmend entmenschlicht. Der Deutsche Verband für Bürokommunikation und
hier vor allem Sie, verehrter Herr Doktor
Pommerenke, als sein langjähriger verdienst-
voller Mentor, haben Ihre Hauptaufgabe stets
darin gesehen, diese Auseinandersetzung zu
versachlichen. Darauf hinzuwirken, daß
Kommunikation eben nicht nur im Dienstlei-
stungsbereich eingesetzt wird als technisches
und organisatorisches Hilfsmittel, sondern
Verwendung findet im Sinne eines fruchtba-
ren Dialogs zwischen jenen, die diese Hilfsmittel entwickeln, und jenen, die sie anwen-
den wollen (oder sollen).

Der Dialog ist auch und gerade mit jenen zu
führen, die Berührungsangst haben mit den
Möglichkeiten technischer und organisatori-
scher Gestaltungsprozesse oder gar befürch-
ten, wie weiland Goethes Zauberlehrling von
der eigenen Erfindung manipuliert und be-
herrscht zu werden. Dieser Aufgabe haben
Sie sich als Präsident unseres Verbandes in
besonders engagierter und aufopferungsvoller Weise gewidmet. Die erfolgreiche Öffent-
lichkeitsarbeit unseres Verbandes trägt dabei
ebenso unverkennbar Ihre Handschrift, Herr
Doktor Pommerenke, wie die leise, aber stets

wirkungsvolle Vertretung unserer Interessen hier im vorparlamentarischen Raum. Sie haben in Vorträgen und Fachzeitschriften vielbeachtete Beiträge über die Möglichkeiten und Perspektiven moderner Bürokommunikation geleistet und vielfältige Anregungen gegeben für die interdisziplinäre Forschung in diesem Bereich. Heute scheiden Sie aus einem langen, aber gleichzeitig auch erfreulich produktiven Berufsleben aus. Kommunikation war Ihr Beruf und Ihr Hobby – eine glückliche Konstellation für Sie, eine glückliche Konstellation aber auch für uns.

Der Deutsche Verband für Bürokommunikation und die in dieser Stunde versammelten Gäste, die ihm angehören, ihn vertreten und repräsentieren, dürfen Ihnen, Herr Doktor Pommerenke, von Herzen danken für Ihre überaus engagierte Arbeit und für eine stets menschlich angenehme Kooperation über viele Jahre hinweg.

Wir wünschen Ihnen einen erholsamen Ruhestand – und uns gemeinsam, daß über den heutigen Tag hinaus Kommunikation zwischen Ihnen und uns erhalten bleibt. Wir verabschieden Sie mit herzlichem Dank und besten Wünschen für Ihr weiteres Wohlergehen.

Ein Pfarrer
wird verabschiedet

Sehr verehrter Herr Pfarrer Willmann,
meine sehr geehrten Damen und Herren,
liebe Mitbürgerinnen und Mitbürger,
heute werden Sie gewissermaßen von zwei
Gemeinden in den Ruhestand verabschiedet.
Nachdem die Vertreter Ihrer Kirche Sie mit
herzlichen und ehrenden Worten gewürdigt
haben, darf ich mich als Vertreter der weltlichen Gemeinde mit ein paar Worten anschließen. Sie, verehrter Herr Pfarrer Willmann,
haben Ihren Dienst als Seelsorger in unserer
Stadt viele Jahre mit großer Überzeugung
und Leidenschaft wahrgenommen. Meine
Vorredner haben diesen Einsatz für die Kirche und Ihre Gemeinde bereits gewürdigt
und dies ganz sicher viel besser und kompetenter, als ich das könnte. Mir kommt es heute
darauf an, als Vertreter dieser Stadt und damit im Auftrag ihrer Bürger ein paar Worte
anzufügen über unsere gemeinsame Arbeit in
der Vergangenheit. Kirche und Staat arbeiten
zwar grundsätzlich auf verschiedenen Feldern und in verschiedenem Auftrag, aber diejenigen, für die sie arbeiten und sich einsetzen dürfen, sind ja immer die gleichen Menschen in einer Gemeinde, in einer Stadt. Und
deshalb ist die ursprüngliche Aufgabenverteilung eigentlich sehr viel weniger wichtig als
das Bemühen um ein gemeinsames gutes Ergebnis für alle Bürger.

Nun heißt es zwar im 1. Brief des Paulus an die Korinther, 7. Kapitel, Vers 20: »Ein jeglicher bleibe in dem Beruf, darin er berufen ist.« Aber wir waren uns alle immer darüber einig, daß das nicht bedeuten konnte und durfte, den Partner bei seiner Arbeit nicht zu unterstützen. Und so gibt es in unserer Stadt viele gute Beispiele einer segensreichen Zusammenarbeit zwischen Ihrer Pfarrei, der Verwaltung und den vielen Vereinen und Organisationen.

Das reicht von der Kinder- bis zur Altenbetreuung und Krankenversorgung, vom Urlaubsangebot für Jugendliche oder ganze Familien bis hin zu den kirchlichen Musikfesten. Augenfälligstes Beispiel mag für manchen das alljährliche St. Rochusfest sein, das längst den Charakter eines Volksfestes angenommen und große Anziehungskraft weit über die Grenzen unserer Stadt hinaus entwickelt hat. Sie, verehrter Herr Pfarrer Willmann, haben gegenüber der Stadt stets die Anliegen Ihrer Gemeinde ebenso liebenswürdig wie eindringlich vorgebracht. Mit dem gleichen Engagement aber haben Sie sich selbst und Ihre Gemeinde in das Leben dieser Stadt eingebunden. So darf ich Ihnen heute versichern, daß es stets nicht nur eine im Ergebnis für unsere Mitmenschen gute und erfolgreiche Zusammenarbeit gewesen ist, sondern auch eine persönlich und menschlich angenehme. Insoweit sehen wir Sie ungern aus Ihrem Dienst in der Pfarrei ausscheiden, obwohl wir Ihnen von Herzen die lange entbehrte Entlastung und Ruhe gönnen. Da wir aber wissen, daß Sie Ihren Wohnsitz in dieser Stadt künftig beibehalten werden, fällt uns dieser Abschied heute ein wenig leichter. Der Gemeinderat hat mich beauftragt, Ihnen, sehr verehrter Herr Willmann, als bescheidenen Dank und Anerkennung für Ihr langes und segensreiches Wirken in dieser Stadt ein Exemplar unserer Stadtchronik zu überreichen. Darin haben unsere Vorfahren über Ereignisse und Menschen berichtet, die ihnen bemerkenswert erschienen. Wenn irgendwann einmal Chronisten sich mit *unserer* Zeit beschäftigen, wird Ihre Arbeit, Herr Willmann, darin ganz sicher eine Rolle spielen. Herzlichen Dank und Ihnen eine glückliche, zufriedene Zukunft in unserer Stadt!

Ein Lokalreporter wird verabschiedet

Sehr geehrter, lieber Herr Körner,
meine sehr geehrten Damen und Herren,
wer von uns kennt nicht das wohlvertraute Kürzel »kö« vor den Beiträgen und unter den Bildern der Lokalseite unserer »Rundschau«? Aktuelles, mal spröde-sachlich, mal bissig-ironisch, in Bericht und Kommentar – das Kürzel »kö« bürgt für vieles, aber ganz sicher nie für Langeweile. Über 15 Jahre haben Sie nun, lieber Herr Körner, hellwach und aufmerksam die Lokalereignisse Ihrer Heimat-

stadt registriert und kommentiert. Sie waren der unermüdliche Chronist von Ereignissen, an denen wir entweder selbst als Handelnde oder auch nur als Zuhörer beziehungsweise Zuschauer beteiligt waren. Ihre Beiträge in Wort und Bild dokumentieren damit einen beachtlichen Teil unseres eigenen Lebens und unserer Umgebung. Das Leben eines Lokalreporters ist kein einfaches. Er muß immer »am Ball bleiben«, immer am Ort des Geschehens sein, ohne Rücksicht auf Ort, Zeit und Wetter. Lokalreporter haben keine amtlichen Nachrichtenagenturen, die ihnen die letzten und aktuellsten Nachrichten durchtickern. Sie sind ihre eigenen Agenten und müssen aus ihren eigenen Quellen schöpfen. Ihr Wort hat Gewicht, ihr Wort macht Stimmung. Deshalb wachen alle eifersüchtig darüber, ob sie in der Berichterstattung auch ja nicht zu kurz gekommen sind, ob Nachricht Nachricht bleibt und Kommentar Kommentar. Ein Lokalreporter hat immer viele Freunde und viele Feinde. Die einen wollen, daß er noch mehr gerade ihre Meinung zum Ausdruck bringt – noch dazu möglichst kommentarlos –, die anderen, die eine unterschiedliche Auffassung haben, sind aufgebracht, wenn eben das geschieht. Unumstritten ist er nie, und wenn er es allen recht gemacht hätte, hätte er wahrscheinlich sein Wächteramt für die öffentliche Meinung nur unzulänglich ausgeübt.

»kö« steht für über 15 Jahre lebendig dokumentierten Zeitgeschehens in Wort und Bild. Politisches oder Familiäres, Kulturelles oder

Sportliches, freudige Ereignisse oder traurige oder dramatische – Herr Körner hat als engagierter Lokalreporter für die »Rundschau« seine Leser informiert und das Geschehene kommentiert. Seine Beiträge sind ein geradezu unerschöpfliches Archiv des Lebens in unserer Heimat.

Mit dem heutigen Tag zieht sich Herr Körner in den wohlverdienten Ruhestand zurück. Das wohlvertraute »kö« werden viele vermissen, die die tägliche Lokalseite aufblättern. Sie, lieber Herr Körner, haben vor wenigen Tagen gesagt, daß Sie sich auf die Zeit mit etwas mehr Ruhe und Distanz freuen. Das können Ihnen ganz sicher alle nachfühlen, die nur ein wenig verstehen von dem hohen Einsatz, der Hektik und dem Kräfteverbrauch, die ein solcher Beruf abfordert. Sie haben in diesem Gespräch aber auch angedeutet, daß Sie sich nach einer kleinen Ruhepause mit dem Sichten und Ordnen all jener Unterlagen beschäftigen wollen, die sich so im Laufe der Zeit als Material auf dem Schreibtisch und im Archiv angesammelt haben. Daher gehe ich wohl nicht fehl in der Annahme, daß sich dann doch in absehbarer Zukunft unser Chronist wieder einmal zu Worte melden wird.

Heute aber wollen wir Sie mit herzlichem Dank für Ihre Arbeit und mit den besten Wünschen für die Zukunft in den wohlverdienten Ruhestand verabschieden. Sie waren uns in den vergangenen 15 Jahren vielleicht nicht immer ein bequemer Wegbegleiter, aber doch stets ein engagierter und unbestechlicher.

Hierfür zollen wir Ihnen in dieser Abschiedsstunde Dank, Anerkennung und hohen menschlichen Respekt.

Der Leiter eines gemeinnützigen Bauunternehmens wird verabschiedet

Sehr geehrter Herr Direktor Paulus,
liebe Mitarbeiterinnen und Mitarbeiter,
meine sehr geehrten Damen und Herren,
die Allgemeine Wohnbau und Treuhand AG verabschiedet Sie heute, sehr geehrter Herr Paulus, nach fast zehnjähriger aufopferungsvoller Tätigkeit für unser Unternehmen in den Ruhestand. Ihr Wirken in unserer Gesellschaft war geprägt von all den vielen Schwierigkeiten, mit der sich dieser Wirtschaftssektor in der zurückliegenden Dekade auseinandersetzen mußte. Um nur einige Stichpunkte zu nennen: rückläufige Baukonjunktur, Nachfragemangel, Finanzierungsprobleme, Bauskandale. So fanden Sie keine erfreulichen Startbedingungen vor, als Sie vor fast zehn Jahren die Geschäftsführung in unserer Gesellschaft übernahmen. Alle Anzeichen deuteten auf Problem, Konflikt und Krise. Das Wichtigste war daher zunächst eine Konsolidierung der Geschäfte und die Festigung des Vertrauens in die Solidarität eines Unternehmens, das – wie andere in der Branche auch – unter den teilweise zwielichtigen Geschäften großer und kleiner Mitkonkurrenten zu lei-

den hatte. Es war nicht immer leicht, interessierten Kunden und Partnern bei Banken und öffentlichen Verwaltungen klarzumachen, daß die Allgemeine Wohnbau und Treuhand sich weder an dubiosen Abschreibungsgeschäften noch an risikoträchtigen Auslandsengagements beteiligen wollte. Die Konzentration unserer Tätigkeit auf den Inlandsmarkt und der Verzicht auf spekulative und risikoreiche Baugeschäfte haben dazu geführt, daß die Aktivitäten unserer Gesellschaft zwar weniger schnell wuchsen, aber dafür kontrolliert und konsolidiert.

Diese Geschäftsstrategie, für die Sie, sehr geehrter Herr Paulus, in den vergangenen zehn Jahren verantwortlich zeichneten, hat dazu geführt, daß Sie den Anteilseignern des Unternehmens, den Mitarbeitern und Ihrem Nachfolger im Amt ein solides Erbe hinterlassen, um das uns manche am Markt beneiden.

Bei uns gibt es zum Glück weder unverkaufte Wohnungshalden noch hohe Abschreibungsrisiken, noch – wie bei anderen – »unbewältigte Vergangenheiten« in kaufmännischer oder vielleicht auch prozessualer Hinsicht. Sie hinterlassen uns allen ein wohlgeordnetes Haus. Dafür sind wir Ihnen von Herzen dankbar, und wir freuen uns, daß Sie Ihre reiche Erfahrung und Ihr Engagement uns auch weiterhin zur Verfügung stellen wollen. Ihr Wechsel von der Geschäftsleitung in den Aufsichtsrat unseres Hauses gewährleistet uns somit Kontinuität über den heutigen Tag hinaus.

Wir danken Ihnen für Ihre Arbeit und Ihren beispielhaften Einsatz zum Wohle unserer Gesellschaft und ihrer Mitarbeiter.

Der Pensionär dankt

Meine sehr verehrten Damen und Herren, liebe Gäste,
Abschied zu nehmen ist nie leicht – nicht, wenn es sich nur um kurze Begegnungen gehandelt hat, und schon gar nicht, wenn man gleich einen ganzen Lebensabschnitt abschließt. Und letzteres ist ja der Fall, wenn man in Ruhestand geht. Man nimmt Abschied von einer langen, wichtigen Zeit des eigenen Lebens, von vielen erfreulichen oder auch weniger erfreulichen Begegnungen, Ereignissen, Kontakten. In diesem Augenblick zieht diese ganze lange Zeit noch einmal im Zeitraffertempo an einem vorbei. Man erinnert sich oder wird daran erinnert, man vergleicht und wertet, oder aber man wird verglichen oder gewertet.

Sie haben in Ihren Abschiedsworten für mich so sehr viele freundliche und ehrende Worte gefunden. Sie haben nur angenehme Erinnerungen wachgerufen und nur vorteilhafte Wertungen genannt. Für beides darf ich mich herzlich bedanken, obgleich ich weiß, daß eine solch günstige und ohne Zweifel positive Zusammenfassung wohl schon eine schmeichelhafte Kurzfassung all jener Vorgänge und Ereignisse gewesen ist, die sich über all diese vielen Jahrzehnte im Gedächtnis angesammelt haben. In einer Abschiedsstunde tut es gut, nur an Angenehmes erinnert und nur auf Angenehmes vorbereitet zu werden. Aber natürlich läßt sich alles andere nicht völlig unterdrücken. So gestehe ich offen, daß mir der Abschied von einem lange und gern ausgeübten Beruf nicht allzu leicht fällt. Ich gebe zu, daß ich mir schwer vorstellen kann, von einem Tag zum anderen, von einer Stunde auf die andere, mit einem anderen als dem gewohnten Rhythmus des Tagesablaufs zurechtzukommen.

Und ich will schließlich nicht verhehlen, daß mir die Gewöhnung daran schwer werden wird, auf vertraute und liebgewordene Kontakte und Gespräche in zunehmendem Maße verzichten zu müssen. So gesehen verbindet sich für mich in dieser Abschiedsstunde mit der Freude und dem Stolz auf das Erreichte durchaus auch ein wenig Wehmut im Blick auf die Zukunft und das viele Neue, was mich da erwartet. Bleibt mir nur, Ihnen allen herzlich zu danken für eine jahrelange gute und vertrauensvolle Zusammenarbeit und Partnerschaft, für Ihre guten Wünsche und die netten Geschenke. Ich möchte Ihnen danken, daß Sie gekommen sind, mit mir den Übergang in einen neuen »Stand« ein wenig festlich zu gestalten. Ich darf Ihnen sagen, daß es besser ist, einen solchen Übergang in Begleitung zu beginnen als allein, und deshalb heiße ich Sie als meine Gäste noch einmal von Herzen willkommen.

Meine sehr geehrten Damen und Herren,

Sie haben mich mit herzlichen Dankesworten und Glückwünschen in den Ruhestand verabschiedet und mit freundlicher Anerkennung einige Stationen in meinem Berufsleben nachgezeichnet. Ja, es waren auch harte, entbehrungsreiche Jahre dabei, aber die Freude über die Möglichkeit, anderen Menschen helfen zu können, für sie zu sorgen, hat – ein wenig schon aus der zeitlichen Entfernung betrachtet – alles andere besser bewältigen und auch schneller vergessen lassen.

Als meine Ausbildung vor über 50 Jahren begann, waren die Rechte des Lehrlings klein und die des Dienstherrn übermäßig groß. »Dienen« war noch kein altmodisches Wort. Es nahm einem niemand, es nahm einem nicht die Würde, wenn man diente. Denn man konnte auch dienen, ohne anderen die Herrschaft über sich selbst einzuräumen. Diese Würde wurde einem aber nicht geschenkt. Sie mußte stets aufs neue errungen und verteidigt werden – einmal durch gute Arbeit, zum anderen durch Selbstbewußtsein. Nur beides zusammen gewährte einen persönlichen Freiraum, der im Gegensatz zu heute eben nicht von vornherein und wie selbstverständlich zur Verfügung stand. Und weil das so war, hatten das Wort und die Tätigkeit dahinter nicht jenen Beigeschmack, den sie mancherorts heute haben. Heute will niemand mehr »dienen«. Und wenn Sie sich einmal unsere tägliche Sprache anschauen, dann verschwinden alle diese Worte immer mehr aus dem Gebrauch oder bekommen einen eher abfälligen Beigeschmack. Mag sein, daß damit auch ein wenig Selbstbewußtsein verlorengegangen ist, ein wenig Zufriedenheit am Arbeitsplatz und ein wenig Stolz auf die eigene Leistung. Vielleicht erscheinen wir schon als reichlich altmodisch, wenn wir den Dienst für andere nicht als etwas Negatives ansehen, sondern vielmehr als eine Möglichkeit, im Beruf Zufriedenheit und Erfüllung zu finden. Ich darf Ihnen heute sagen, daß ich stolz bin auf meinen Dienst, stolz darauf, daß ich ihn bis jetzt ausüben konnte, und stolz, daß Sie alle mich mit so vielen ehrenden und anerkennenden Worten aus meiner Pflicht entlassen haben.

In diesem Bewußtsein verspüre ich auch keine Beklemmung angesichts des Ruhestands, sondern freue mich auf eine ruhigere Zeit mit neuen Erfahrungen und Erlebnissen. Darüber, daß Sie mich heute alle so freundlich ein Stück auf diesem Weg begleitet haben, freue ich mich von Herzen und sage allen, die gekommen sind, noch einmal vielen Dank.

Gesamt-Programm

Essen und Trinken

Köstliche Suppen
für jede Tages- und Jahreszeit. (5122)
Von E. Fuhrmann, 64 S., 38 Farbfotos,
2 Zeichnungen, Pappband.
DM 14,80/S 119.–

Kochen, was allen schmeckt
1700 Koch- und Backrezepte für jede
Gelegenheit. (4098) Von A. und
G. Eckert, 796 S., 60 Farbtafeln,
Pappband. **DM 29,80**/S 239.–

Brunos beste Rezepte
– rund ums Jahr (4154) Von B. Henrich,
136 S., 15 Farbfotos, kart.
DM 14,80/S 119.–

Was koche ich heute?
Neue Rezepte für Fix-Gerichte. (0608)
Von A. Badelt-Vogt, 112 S., 16 Farbtafeln,
kart. **DM 9,80**/S 79.–

Kochen für 1 Person
Rationell wirtschaften, abwechslungsreich und schmackhaft zubereitet.
(0586) Von M. Nicolin, 136 S., 8 Farbtafeln, 23 Zeichnungen, kart.
DM 9,80/S 79.–

Gesunde Kost aus dem Römertopf
(0442) Von J. Kramer, 128 S., 8 Farbtafeln, 13 Zeichnungen, kart.
DM 8,80/S 74.–

Nudelgerichte
– lecker, locker, leicht zu kochen. (0466)
Von C. Stephan, 80 S., 8 Farbtafeln, kart.
DM 7,80/S 69.–

Lieblingsrezepte
Phantasievoll zubereitet und originell
dekoriert. (4234) Hrsg. P. Diller. 160 S.,
120 Farbfotos, 34 Zeichnungen, Pappband. **DM 24,80**/S 198.–

Was Männer gerne essen
Leibgerichte
(2216) Von C. Arius, 80 S., 55 Farbabb.,
Pappband. **DM 9,80**/S 85,–

Omas Küche und unsere Küche heute
(4089) Von J. P. Lemcke, 160 S., 8 Farbtafeln, 95 Zeichnungen, Pappband.
DM 24,80/S 198.–

Die besten Eintöpfe und Aufläufe
Das Beste aus den Kochtöpfen der Welt
(5079) Von A. und G. Eckert, 64 S.,
50 Farbfotos, Pappband.
DM 14,80/S 119.–

FALKEN-FEINSCHMECKER
Herzhaftes für Leib und Seele
Eintöpfe
(0820) Von P. Klein, 48 S., 30 Farbfotos,
Pappband. **DM 9,80**/S 79.–

Schnell und gut gekocht
Die tollsten Rezepte für den Schnell-
kochtopf. (0265) Von J. Ley, 96 S.,
8 Farbtafeln, kart. **DM 7,80**/S 69.–

Kochen und backen im Heißluftherd
Vorteile, Gebrauchsanleitung, Rezepte.
(0516) Von K. Kölner, 72 S., 8 Farbtafeln,
kart. **DM 7,80**/S 69.–

Das neue Mikrowellen-Kochbuch
(0434) Von H. Neu, 64 S., 4 Farbtafeln,
6 s/w Zeichnungen, kart.
DM 6,80/S 59.–

Ganz und gar mit Mikrowellen
(4094) Von T. Peters, 208 S., 24 Farbfotos, 12 Zeichnungen, kart.
DM 29,80/ S 239.–

FALKEN-FEINSCHMECKER
Schnell auf den Tisch gezaubert
Kochen mit Mikrowellen
(0818) Von A. Danner, 64 S., 52 Farbfotos, Pappband. **DM 9,80**/S 79.–

Haltbar machen durch
Trocknen und Dörren
Obst, Gemüse, Pilze, Kräuter
(0696) Von M. Bustorf-Hirsch, 32 S.,
42 Farbfotos, Spiralbindung.
DM 7,80/S 69,–

Marmeladen, Gelees und Konfitüre
Köstlich wie zu Omas Zeiten – einfach
selbstgemacht. (0720) Von M. Gutta,
32 S., 23 Farbfotos, 1 Zeichnung,
Pappband. **DM 7,80**/S 69,–

Einkochen
nach allen Regeln der Kunst. (0405) Von
B. Müller, 128 S., 8 Farbtafeln, kart.
DM 9,80/S 79.–

Einkochen, Einlegen, Einfrieren
(4055) Von B. Müller, 27 s/w-Abb., kart.
DM 14,80/S 119.–

Das neue Fritieren
geruchlos, schmackhaft und gesund.
(0365) Von P. Kühne, 96 S., 8 Farbtafeln,
kart. **DM 7,80**/S 69.–

Weltmeister-Soßen
Die Krönung der feinen Küche. (0357)
Von G. Cavestri, 96 S., 4 Farbtafeln,
80 Zeichnungen, kart. **DM 9,80**/S 79.–

FALKEN-FEINSCHMECKER
Die Krönung der feinen Küche
Saucen
(0817) Von G. Cavestri, 48 S., 40 Farbfotos, Pappband. **DM 9,80**/S 79.–

Wildgerichte
einfach bis raffiniert (5115) Von M.
Gutta, 64 S., 43 Farbfotos, Pappband
DM 14,80/S 119.–

Geflügel
Die besten Rezepte aus aller Welt. (5050)
Von M. Gutta, 64 S., 32 Farbfotos Papp-
band. **DM 14,80**/S 119.–

Mehr Freude und Erfolg beim **Grillen**
(4141) Von A. Berliner, 160 S., 147 Farbfotos, 10 farbige Zeichnungen, Pappband. **DM 24,80**/S 198.–

Grillen
Fleisch · Fisch · Beilagen · Soßen. (5001)
Von E. Fuhrmann, 64 S., 38 Farbfotos,
Pappband. **DM 14,80**/S 119.–

Chinesisch kochen
Schmackhafte Rezepte für die abwechs-
lungsreiche Küche. (5011) Von A. und G.
Eckert, 64 S., 57 Farbfotos, Pappband.
DM 14,80/S 119.–

Chinesisch kochen
mit dem Wok-Topf und dem Mongolen-
Topf. (0557) Von C. Korn, 64 S., 8 Farbtafeln, kart. **DM 7,80**/S 69.–

Schlemmerreise durch die
Chinesische Küche
(4184) Von Kuo Huey Jen, 160 S.,
117 Farbfotos, Pappband.
DM 24,80/S 198.–

Ostasiatische Küche
schmackhaft, bekömmlich und vielseitig.
(5066) Von T. Sozuki, 64 S., 39 Farbfotos,
Pappband. **DM 14,80**/S 119.–

Nordische Küche
Speisen und Getränke von der Küste.
(5082) Von J. Kürtz, 64 S., 44 Farbfotos,
Pappband. **DM 14,80**/S 119.–

Deutsche Küche
Schmackhafte Gerichte von der Nordsee
bis zu den Alpen. (5025) Von E. Fuhrmann, 64 S., 52 Farbfotos, Pappband.
DM 14,80/S 119.–

Essen in Hessen
Spezialitäten zwischen Schwalm und
Odenwald
(0837) Von R. Witt, 120 S.,
10 s/w-Zeichnungen, Pappband.
DM 12,80/S 99.–

Französisch kochen
Eine kulinarische Reise durch Frankreich.
(5016) Von M. Gutta, 64 S., 35 Farbfotos, Pappband. **DM 14,80**/S 114.–

Französische Küche
(0685) Von M. Gutta, 96 S., 16 Farbtafeln, kart. **DM 8,80**/S 74.–

Französische Spezialitäten aus dem
Backofen
Herzhafte Tartes und Quiches mit Fleisch,
Fisch, Gemüse und Käse
(5146) Von P. Klein, 64 S., 43 Farbfotos,
Pappband. **DM 16,80**/139.–

Kochen und würzen mit **Knoblauch**
(0725) Von A. und G. Eckert, 96 S.,
8 Farbtafeln, kart. **DM 7,80**/S 69,–

Schlemmerreise durch die
Italienische Küche
(4172) Von V. Pifferi. 160 S., 109 Farbfotos, Pappband. **DM 24,80**/S 198,–

Italienische Küche
Ein kulinarischer Streifzug mit regionalen
Spezialitäten. (5026) Von M. Gutta,
64 S., 35 Farbfotos, Pappband.
DM 14,00/S 119,–

Portugiesische Küche und Weine
Kulinarische Reise durch Portugal.
(0607) Von E. Kasten, 96 S., 16 Farbtafeln, kart. **DM 9,80**/S 79.–

Köstliche Pizzas, Toasts, Pasteten
Schmackhafte Gerichte schnell zubereitet.
(5081) Von A. und G. Eckert, 64 S.,
46 Farbfotos, Pappband.
DM 14,80/S 119.–

FALKEN-FEINSCHMECKER
Schlemmen wie bei Mamma Maria
Pizzas
(0815) Von F. Faist, 64 S., 62 Farbfotos,
Pappband. **DM 9,80**/S 79.–

Köstliche Pilzgerichte
Rezepte für die meistvorkommenden
Speisepilze. (5133) Von V. Spicker-Noack,
M. Knoop, 64 S., 52 Farbfotos, Papp-
band. **DM 14,80**/S 119.–

Am Tisch zubereitet
Fondues, Raclettes, Flambieren. (4152)
Von I. Otto, 208 S., 12 Farbtafeln, 17 s/w-
Fotos, Pappband. **DM 24,80**/S 198.–

Köstliche Fondues
mit Fleisch, Geflügel, Fisch, Käse, Gemüse und Süßem. (5006) Von E. Fuhrmann,
64 S., 50 Farbfotos, Pappband.
DM 14,80/S 119.–

Fondues
und fritierte Leckerbissen. (0471) Von
S. Stein, 96 S., 8 Farbtafeln, kart.
DM 6,80/S 59.–

FALKEN
VERLAG

Postfach 1120 · D-6272 Niedernhausen/Ts.   Tel. 0 61 27/70 20 · Telex 4186585 fves d   1

Fondues · Raclettes · Flambiertes
(4081) Von R. Peiler und M.-L. Schult,
136 S., 15 Farbtafeln, 28 Zeichnungen,
kart. **DM 14,80**/S 119.–

Neue, raffinierte Rezepte mit dem Raclette-Grill
(0558) Von L. Helger, 56 S., 8 Farbtafeln,
kart. **DM 7,80**/S 69.–

Rezepte rund um Raclette und Hobby-Rechaud
(0420) Von J. W. Hochscheid, 72 S.,
8 Farbtafeln, kart. **DM 7,80**/S 69.–

Fondues und Raclettes
(4253) Von F. Faist, 160 S., 125 Farbfotos, Pappband. **DM 24,80**/S 198.–

Kochen und Würzen mit Paprika
(0792) Von A. u. G. Eckert, 88 S., 8 Farbtafeln, kart. **DM 8,80**/S 74,–

Kleine Kalte Küche
für Alltag und Feste. (5097) Von A. und
G. Eckert, 64 S., 45 Farbfotos, Pappband. **DM 12,80**/S 99.–

Kalte Platten – Kalte Büfetts
rustikal bis raffiniert. (5015) Von
M. Gutta, 64 S., 34 Farbfotos, Pappband.
DM 14,80/S 119.–

Kalte Happen und Partysnacks
Canapés, Sandwiches, Pastetchen, Salate
und Suppen. (5029) Von D. Peters, 64 S.,
44 Farbfotos, Pappband.
DM 14,80/S 119.–

Garnieren und Verzieren
(4236) Von R. Biller, 160 S., 329 Farbfotos, 57 Zeichnungen, Pappband.
DM 24,80/S 198.–

Desserts
Puddings, Joghurts, Fruchtsalate, Eis,
Gebäck, Getränke. (5020) Von M. Gutta,
64 S., 41 Farbfotos, Pappband.
DM 14,80/S 119.–

Crêpes, Omeletts und Soufflés
Pikante und süße Spezialitäten. (5131)
Von J. Rosenkranz, 64 S., 45 Farbfotos,
Pappband. **DM 14,80**/S 119.–

Backen
(4113) Von M. Gutta, 240 S., 123 Farbfotos, Pappband. **DM 48,–**/S 398.–

Kuchen und Torten
Die besten und beliebtesten Rezepte.
(5067) Von M. Sauerborn, 64 S.,
79 Farbfotos, Pappband.
DM 14,80/S 119.–

Tortenträume und Kuchenfantasien
Gebackene Köstlichkeiten originell
dekoriert und verziert
(0823) Von F. Faist, 80 S., 150 Farbfotos,
kart. **DM 19,80**/S 159.–

Schönes Hobby Backen
Erprobte Rezepte mit modernen Backformen. (0451) Von E. Blome, 96 S.,
8 Farbtafeln, kart. **DM 7,80**/S 69.–

Backen, was allen schmeckt
Kuchen, Torten, Gebäck und Brot. (4166)
Von E. Blome, 556 S., 40 Farbtafeln,
Pappband. **DM 24,80**/S 198,–

Meine Vollkornbackstube
Brot · Kuchen · Aufläufe. (0616) Von R.
Raffelt, 96 S., 4 Farbtafeln, 12 Zeichnungen, kart. **DM 6,80**/S 59.–

FALKEN-FEINSCHMECKER
Mit Körnern, Zimt und Mandelkern
Vollkorngebäck
(0816) Von M. Bustorf-Hirsch, 48 S.,
39 Farbfotos, Pappband.
DM 9,80/ S 79.–

Biologisch Backen
Neue Rezeptideen für Kuchen, Brote,
Kleingebäck aus vollem Korn. (4174) Von
M. Bustorf-Hirsch, 136 S., 15 Farbtafeln,
47 Zeichnungen, kart. **DM 14,80**/S 119,–

Selbst Brotbacken
Über 50 erprobte Rezepte. (0370) Von J.
Schiermann, 80 S., 6 Zeichnungen,
4 Farbtafeln, kart. **DM 6,80**/S 59.–

Mehr Freude und Erfolg beim
Brotbacken
(4148) Von A. und G. Eckert, 160 S.,
177 Farbfotos, Pappband.
DM 24,80/S 198,–

Brotspezialitäten
knusprig backen – herzhaft kochen.
(5088) Von J. W. Hochscheid und L.
Helger, 64 S., 48 Farbfotos, Pappband.
DM 14,80/S 119.–

Weihnachtsbäckerei
Köstliche Plätzchen, Stollen, Honigkuchen und Festtagstorten. (0682) Von
M. Sauerborn, 32 S., 36 Farbtafeln,
Pappband. **DM 7,80**/S 69.–

Waffeln
süß und pikant. (0522) Von C. Stephan,
64 S., 8 Farbtafeln, kart.
DM 6,80/S 59.–

Kochen für Diabetiker
Gesund und schmackhaft für die ganze
Familie. (4132) Von M. Toeller,
W. Schumacher, A. C. Groote, 224 S.,
109 Farbfotos, 94 Zeichnungen,
Pappband. **DM 29,80**/S 239.–

Neue Rezepte für Diabetiker-Diät
Vollwertig – abwechslungsreich – kalorienarm. (0418) Von M. Oehlrich, 120 S.,
8 Farbtafeln, kart. **DM 9,80**/S 79.–

Schlemmertips für Figurbewußte
(0680) Von V. Kahn, 64 S., 8 Farbtafeln,
kart. **DM 9,80**/S 79.–

Wer schlank ist, lebt gesünder
Tips und Rezepte zum Schlankwerden
und -bleiben. (0562) Von R. Mainer,
80 S., 8 Farbtafeln, kart.
DM 8,80/S 74.–

Kalorien – Joule
Eiweiß · Fett · Kohlenhydrate tabellarisch nach gebräuchlichen Mengen.
(0374) Von M. Bormio, 88 S., kart.
DM 6,80/59.–

Alles mit Joghurt
tagfrisch selbstgemacht. Mit vielen
Rezepten. (0382) Von G. Volz, 88 S.,
8 Farbtafeln, kart., **DM 7,80**/S 69.–

Die Brot-Diät
Ein Schlankheitsplan ohne Extreme.
(0452) Von Prof. Dr. E. Menden und
W. Aign, 92 S., 8 Farbtafeln, kart.,
DM 7,80/S 69.–

Gesund leben – schlank werden mit der
Bio-Kur
(0657) Von S. Winter. 144 S., 4 Farbtafeln, kart. **DM 9,80**/S 79,–

Miekes Kräuter- und Gewürzkochbuch
(0323) Von I. Persy und K. Mieke, 96 S.,
8 Farbtafeln, kart. **DM 8,80**/S 74,–

Salate
(4119) Von C. Schönherr, 240 S., 115 Farbfotos, gebunden. **DM 48,–**/S 389.–

Delikate Salate
für alle Gelegenheiten rund um's Jahr.
(5002) Von E. Fuhrmann, 64 S., 50 Farbfotos, Pappband. **DM 14,80**/S 119.–

Das köstliche knackige Schlemmervergnügen.
Salate
(4165) Von V. Müller. 160 S., 80 Farbfotos, Pappband. **DM 24,80**/S 198,–

111 köstliche Salate
Erprobte Rezepte mit Pfiff. (0222) Von
C. Schönherr, 96 S., 8 Farbtafeln,
30 Zeichnungen, kart. **DM 8,80**/S 74.–

Rohkost
Schmackhafte Gerichte für die gesunde
Ernährung. (5044) Von I. Gabriel, 64 S.,
53 Farbfotos, Pappband.
DM 14.80/S 119.–

Joghurt, Quark, Käse und Butter
Schmackhaftes aus Milch hausgemacht.
(0739) Von M. Bustorf-Hirsch. 32 S.,
59 Farbabb., Pappband. **DM 7,80**/S 69,–

Die abwechslungsreiche Vollwertküche
Vitaminreich und naturbelassen kochen
und backen. (4229) Von M. Bustorf-Hirsch, K. Siegel, 208 S., 31 Farbtafeln,
78 Zeichnungen, Pappband.
DM 36,–/ S 319,–

Alternativ essen
Die gesunde Sojaküche. (0553) Von U.
Kolster, 112 S., 8 Farbtafeln, kart.
DM 9,80/S 79.–

Das Reformhaus-Kochbuch
Gesunde Ernährung mit hochwertigen
Naturprodukten. (4180) Von A. u. G.
Eckert, 160 S. 15 Farbtafeln, Pappband.
DM 24,80/S 198,–

Gesund kochen mit Keimen und Sprossen
(0794) Von M. Bustorf-Hirsch, 104 S.,
8 Farbtafeln, 13 s/w-Zeichnungen, kart.
DM 8,80/S 74,–

Die feine Vegetarische Küche
(4235) Von F. Faist, 160 S., 191 Farbfotos, Pappband. **DM 24,80**/S 198.–

Biologische Ernährung
für eine natürliche und gesunde Lebensweise. (4125) Von G. Leibold, 136 S.,
15 Farbtafeln, 47 Zeichnungen, kart.
DM 14,00/S 119.–

Gesunde Ernährung für mein Kind
(0776) Von M. Bustorf-Hirsch, 96 S.,
8 Farbtafeln, 5 s/w Zeichnungen, kart.
DM 9,80/S 79.–

Vitaminreich und naturbelassen
Biologisch Kochen
(4162) Von M. Bustorf-Hirsch und
K. Siegel, 144 S., 15 Farbtafeln, 31 Zeichnungen, kart., **DM 14,80**/S 119.–

Gesund kochen
wasserarm · fettfrei · aromatisch.
(4060) Von M. Gutta, 240 S., 16 Farbtafeln, Pappband. **DM 29,80**/S 239,–

Kräuter- und Heilpflanzen-Kochbuch
für eine gesunde Lebensweise. (4066)
Von P. Pervenche, 143 S., 15 Farbtafeln.
kart. **DM 14,80**/S 119.–

Pralinen und Konfekt
Kleine Köstlichkeiten selbstgemacht.
(0731) Von H. Engelke, 32 S., 57 Farbfotos, Pappband. **DM 7,80**/S 69.–

FALKEN-FEINSCHMECKER
Zart schmelzende Versuchungen
Schokolade
(0819) Von J. Schroer, 48 S., 53 Farbfotos, Pappband. **DM 7,80**/S 69.–

Köstlichkeiten für Gäste und Feste
Kalte Platten
(4200) Von I. Pfliegner, 160 S., 130 Farbfotos, Pappband. **DM 24,80**/S 198,–

Die Preise entsprechen dem Status beim Druck dies

Kochen für Gäste
Köstliche Menüs mit Liebe zubereitet.
(5149) Von R. Wesseler, 64 S., 40 Farbfotos, Pappband. **DM 14,80**/S 119,–

Das richtige Frühstück
Gesunde Vollwertkost vitaminreich und
naturbelassen.
(0784) Von C. Kratzel und R. Böll, 32 S.,
28 Farbfotos, Pappband. **DM 7,80**/S 69.–

Bocuse à la carte
Französisch kochen mit dem Meister.
(4237) Von P. Bocuse, 88 S., 218 Farbfotos, Pappband. **DM 19,80**/S 159,–
Auch als Video-Kassette erhältlich

Kochschule mit Paul Bocuse
(6016/VHS, 6017/Video 2000,
6018/Beta), 60 Min. in Farbe
DM 69,–/S 619,–
(unverb. Preisempfehlung)

Natursammlers Kochbuch
Wildfrüchte und Gemüse, Pilze, Kräuter –
finden und zubereiten. (4040) Von
C. M. Kerler, 140 S., 12 Farbtafeln, kart.
DM 19,80/S 159,–

Neue Cocktails und Drinks
mit und ohne Alkohol. (0517) Von
S. Späth, 128 S., 4 Farbtafeln, kart.,
DM 9,80/S 79.–

Mixgetränke
mit und ohne Alkohol (5017) Von C. Arius,
64 S., 35 Farbfotos, Pappband.
DM 14.80/S 119.–

Cocktails und Mixereien
für häusliche Feste und Feiern. (0075)
Von J. Walker, 96 S., 4 Farbtafeln, kart.
DM 6,80/S 59.–

**Die besten Punsche, Grogs und
Bowlen**
(0076) Von F. Dingden, 64 S., 2 Farbtafeln, kart. **DM 6,90**/S 59.–

Weine und Säfte, Liköre und Sekt
selbstgemacht. (0702) Von P. Arauner,
132 S., 76 Abb., kart. **DM 16,80**/S 139,–

Mitbringsel aus meiner Küche
selbst gemacht und liebevoll verpackt.
(0668) Von C. Schönherr, 32 S., 30 Farbfotos, Pappband. **DM 7,80**/S 69,–

Weinlexikon
Wissenswertes über die Weine der Welt.
(4149) Von U. Keller, 228 S., 6 Farbtafeln, 395 s/w-Fotos, Pappband.
DM 29,80/S 239.–

Köstliches Lebenselixier Wein
(2204) Von H. Steffan, 80 S., 74 Farbfotos u. Zeichnungen, Pappband.
DM 9,80/S 85.–

**Von der Romantik der blauen Stunde
Cocktails und Drinks**
(2209) Von S. Späth, 80 S., 25 Farbfotos
und Zeichnungen, Pappband.
DM 9,80/S 85,–

**Vom Genuß des braunen Goldes
Kaffee**
(2213) Von H. Strutzmann, 80 S.,
59 Fotos, Pappband. **DM 9,80**/S 85,–

Heißgeliebter Tee
Sorten, Rezepte und Geschichten. (4114)
Von C. Maronde, 153 S., 16 Farbtafeln,
83 Zeichnungen, gebunden.
DM 26,80/S 218.–

Tee für Genießer.
Sorten · Riten · Rezepte. (0356) Von M.
Nicolin, 64 S., 4 Farbtafeln, kart.
DM 5,80/S 49.–

Tee
Herkunft · Mischungen · Rezepte. (0515)
Von S. Ruske, 96 S., 4 Farbtafeln,
5 s/w Abbildungen, Pappband.
DM 9,80/S 79.–

Vom höchsten Genuß des Teetrinkens
(2201) Von I. Ubenauf, 80 S., 57 Farbfotos u. Zeichnungen, Pappband.
DM 9,80/S 85.–

Kinder lernen spielend backen
(5110) Von M. Gutta, 64 S., 45 Farbfotos,
Pappband. **DM 14,80**/S 119,–

Kinder lernen spielend kochen
Lieblingsgerichte mit viel Spaß selbst
zubereitet. (5096) Von M. Gutta, 64 S.,
45 Farbfotos, Pappband,
DM 14,80/S 119,–

Hobby

Aquarellmalerei
als Kunst und Hobby.
(4147) Von H. Haack und B. Wersche,
136 S., 62 Farbfotos, 119 Zeichnungen,
gebunden **DM 39,–**/S 319,–

Aquarellmalerei
Materialien · Techniken · Motive.
(5099) Von T. Hinz, 64 S., 79 Farbfotos,
Pappband. **DM 14,80**/S 119,–

Aquarellmalerei leicht gelernt
Materialien · Techniken · Motive.
(0787) Von T. Hinz, R. Braun, B. Zeidler,
32 S., 38 Farbfotos, 1 Zeichnung,
DM 7,80/S 69.–

Origami –
Die Kunst des Papierfaltens. (0280)
Von R. Harbin, 160 S., 633 Zeichnungen,
kart. **DM 9,80**/S 79,–

Hobby Origami
Papierfalten für groß und klein.
(0756) Von Z. Aytüre-Scheele, 88 S.,
über 800 Zeichnungen, kart.
DM 19,80/S 159,–

Neue zauberhafte Origami-Ideen
Papierfalten für groß und klein.
(0805) Von Z. Aytüre-Scheele, 80 S.,
720 Zeichnungen, kart. **DM 19,80**/S 159.–

Weihnachtsbasteleien
(0677) Von M. Kühnle und S. Beck, 32 S.,
56 Farbfotos, 6 Zeichnungen, Pappband.
DM 7,80/S 69,–

Falken-Handbuch
Zeichnen und Malen
(4167) Von B. Bagnall, 336 S., 1154 Farbabb., Pappband. **DM 68,–**/S 549,–

Naive Malerei
Materialien · Motive · Techniken
(5083) Von F. Krettek, 64 S., 76 Farbfotos, Pappband. **DM 14,80**/S 119,–

Bauernmalerei
als Kunst und Hobby. (4057) Von A. Gast
und H. Stegmüller, 128 S., 239 Farbfotos, 26 Riß-Zeichnungen, Pappband.
DM 39,–/S 319,–

Hobby Bauernmalerei
(0436) Von S. Ramos und J. Roszak,
80 S., 116 Farbfotos und 28 Motivvorlagen, kart. **DM 19,80**/S 159,–

Bauernmalerei
Kreatives Hobby nach alter Volkskunst
(5039) Von S. Ramos, 64 S., 85 Farbfotos, Pappband. **DM 14,80**/S 119,–

Glasmalerei
als Kunst und Hobby. (4088) Von
F. Krettek und S. Beeh-Lustenberger,
132 S., 182 Farbfotos, 38 Motivvorlagen,
Pappband. **DM 39,–**/S 319,–

Naive Hinterglasmalerei
Materialien · Techniken · Bildvorlagen
(5145) Von F. Krettek, 64 S., 87 Farbfotos, 6 Zeichnungen, Pappband.
DM 16,80/S 139,–

Glasritzen
Materialien · Formen · Motive. (5109)
Von G. Mégroz, 64 S., 110 Farbfotos,
15 Zeichnungen, Pappband.
DM 14,80/S 119,–

Kalligraphie
Die Kunst des schönen Schreibens
(4263) Von C. Hartmann, 120 S.,
44 Farbvorlagen, 29 s/w-Vorlagen,
2 s/w-Zeichnungen, 38 Farbfotos,
Pappband. **DM 49,–**/S 398.–

Kunstvolle Seidenmalerei
Mit zauberhaften Ideen zum Nachgestal-
ten. (0783) Von I. Demharter, 32 S.,
56 Farbfotos, Pappband.
DM 7,80/S 74,–

Zauberhafte Seidenmalerei
Materialien · Techniken · Gestaltungs-
vorschläge. (0664) Von E. Dorn, 32 S.,
62 Farbfotos, Pappband.
DM 7,80/S 69,–

Hobby Seidenmalerei
(0611) Von R. Henge, 88 S.,
106 Farbfotos, 28 Zeichnungen, kart.
DM 19,80/S 159,–

Hobby Stoffdruck und Stoffmalerei
(0555) Von A. Ursin, 80 S., 68 Farbfotos,
68 Zeichnungen, kart.
DM 19,80/S 159,–

Stoffmalerei und Stoffdruck
Materialien · Techniken · Ideen · Modelle
(5074) Von H. Gehring, 64 S., 110 Farbfotos, Pappband. **DM 14,80**/S 119,–

Batik
leicht gemacht. Materialien · Färbe-
techniken · Gestaltungsideen. (5112) Von
A. Gast, 64 S., 105 Farbfotos, Pappband.
DM 14,80/S 119,–

Textilfärben
Färben so einfach wie Waschen. (0693)
Von W. Siegrist, P. Schärli, 32 S., 47 Farb-
fotos, 3 Zeichnungen, Spiralbindung.
DM 7,80/S 69,–

Kreatives Bilderweben
Materialien – Vorlagen – Motive
(0814) Von A. Schulte Huxel, 32 S.,
58 Farbfotos, 8 Zeichnungen, Pappband,
DM 9,80/S 79.–

Schöne Geschenke selbermachen
(4128) Von M. Kühnle, 128 S.,
278 Farbfotos, 85 farbige Zeichnungen,
gebunden. **DM 39,–**/S 319,–

Flechten
mit Bast, Stroh und Peddigrohr. (5098)
Von H. Hangleiter, 64 S., 47 Farbfotos,
76 Zeichnungen, Pappband.
DM 14,80/S 119,–

Makramee
Knüpfarbeiten leicht gemacht. (5075)
Von B. Pröttel, 64 S., 95 Farbfotos,
Pappband. **DM 12,80**/S 99,–

Häkeln und Makramee
Techniken · Geräte · Arbeitsmuster.
(0320) Von M. Stradal, 104 S., 191 Abb.
und Schemata, kart. **DM 6,80**/S 59,–

Falken-Handbuch
Häkeln
ABC der Häkeltechniken und Häkelmuster
in ausführlichen Schritt-für-Schritt-
Bildfolgen.
(4194) Von H. Fuchs, M. Natter, 288 S.,
597 Farbfotos, 476 farbige Zeichnungen.
DM 39,–/S 319,–

Häkeln
Schritt für Schritt für Rechts- und Links-
händer. (5134) Von H. Klaus, 64 S.,
120 Farbfotos, 144 Zeichnungen,
Pappband. **DM 14,80**/S 119,–

Klöppeln
Schritt für Schritt leicht gelernt. (0788)
Von U. Seiffer, 32 S., 42 Farb-, 1 s/w-
Foto, 25 Zeichnungen, mit Klöppelbriefen,
Pappband. **DM 9,80**/S 79,–

Sticken
Schritt für Schritt für Rechts- und Links-
händer. (5135) Von U. Werner, 64 S.,
196 Farbfotos, 96 Zeichnungen, Pappband. **DM 14,80**/S 119,–

Monogrammstickerei
Mit Vorlagen für Initialen, Vignetten und
Ornamente. (5148) Von H. Fuchs, 64 S.,
50 Farbfotos, 50 Zeichnungen, Pappband. **DM 14,80**/S 119,–

Falken-Handbuch Stricken
ABC der Stricktechniken und Strick-
muster in ausführlichen Schritt-für-
Schritt-Bildfolgen. (4137) Von M. Natter,
312 S., 106 Farb- und 922 s/w-Fotos,
318 Zeichnungen, Pappband.
DM 36,–/S 298,–

Bestrickend schöne Ideen
Pullover, Westen, Ensembles, Jacken
(4178) Von R. Weber, 208 S., 220 Farbfotos, 358 Zeichnungen, Pappband.
DM 29,80/S 239,–

Chic in Strick
Neue Pullover
Westen · Jacken · Kleider · Ensembles.
(4224) Hrsg. R. Weber, 192 S., 255 Farbabb., Pappband. **DM 29,80**/S 239,–

Perfekt Stricken
(4250) Von H. Jaacks, 256 S.,
703 Farbfotos, 169 Farb- und
121 s/w-Zeichnungen, Pappband.
DM 29,80/ S 239,–

Videokassette Stricken
(6007/VHS, 6008/Video 2000,
6009/Beta). Von P. Krolikowski-Habicht,
H. Jaacks, 51 Min., in Farbe.
DM 49,80/S 448,–
(unverbindl. Preisempf.)

Stricken
Schritt für Schritt für Rechts- und Links-
händer. (5142) Von S. Oelwein-Schefczik,
64 S., 148 Farbfotos, 173 Zeichnungen,
Pappband. **DM 14,80**/S 119,–

Die schönsten Handarbeiten zum
Verschenken
(4225) Von B. Wenzelburger, 128 S.,
156 Farbfotos, 70 2-farbige Zeichnungen, Pappband. **DM 39,–**/S 319,–

Kuscheltiere stricken und häkeln
Arbeitsanleitungen und Modelle. (0734)
Von B. Wehrle, 32 S., 60 Farbfotos,
28 Zeichnungen, Spiralbindung.
DM 7,80/S 69,–

Hobby Patchwork und Quilten
(0768) Von B. Staub-Wachsmuth, 80 S.,
108 Farbabb., 43 Zeichnungen, kart.
DM 19,80/S 159,–

Textiles Gestalten
Weben, Knüpfen, Batiken, Sticken,
Objekte und Strukturen. (5123) Von
J. Fricke, 136 S., 67 Farb- und 189 s/w-
Fotos, 15 Zeichnungen, kart.
DM 16,80/S 139,–

Gestalten mit Glasperlen
fädeln · sticken · weben (0640) Von
A. Köhler, 32 S., 55 Farbfotos, Spiralbindung. **DM 6,80**/S 59,–

Neue zauberhafte Salzteig-Ideen
(0719) Von I. Kiskalt, 80 S., 320 Farbfotos, 12 Zeichnungen, kart.
DM 19,80/S 159,–

Hobby Salzteig
(0662) Von I. Kiskalt, 80 S., 150 Farbfotos, 5 Zeichnungen, Schablonen, kart.
DM 19,80/S 159,–

Gestalten mit Salzteig
formen · bemalen · lackieren. (0613) Von
W.-U. Cropp, 32 S., 56 Farbfotos,
17 Zeichnungen, Pappband.
DM 7,80/S 69,–

Originell und dekorativ
Salzteig mit Naturmaterialien
(0833) Von A. und H. Wegener, 80 S.,
166 Farbfotos, kart. **DM 19,80**/S 159,–

Buntbemalte Kunstwerke aus
Salzteig
Figuren, Landschaften und Wandbilder.
(5141) Von G. Belli, 64 S., 165 Farbfotos,
1 Zeichnung, Pappband.
DM 14,80/S 119,–

Kreatives Gestalten mit Salzteig
Originelle Motive für Fortgeschrittene.
(0769) Hrsg. I. Kiskalt, 80 S., 168 Farbfotos, kart. **DM 19,80**/S 159,–

Videokassette Salzteig
(6010/VHS, 6011/Video 2000,
6012/Beta) Von I. Kiskalt, Dr. A. Teuchert,
in Farbe, ca. 35 Min. **DM 69,–**/ S 619,–
(Unverb. Preisempfehlung)

Tiffany-Spiegel selbermachen
Materialien · Arbeitsanleitung · Vorlagen.
(0761) Von R. Thomas, 32 S., 53 Farbfotos, Pappband. **DM 7,80**/S 69,–

Tiffany-Lampen selbermachen
Arbeitsanleitung · Materialien · Modelle.
(0684) Von I. Spliethoff, 32 S., 60 Farbfotos, Pappband. **DM 7,80**/S 69,–

Hobby Glaskunst in Tiffany-Technik
(0781) Von N. Köppel, 80 S., 194 Farbfotos, 6 s/w-Abb., kart.,
DM 19,80/S 159,–

Kerzen und Wachsbilder
gießen · modellieren · bemalen. (3108)
Von Ch. Riess, 64 S., 110 Farbfotos,
Pappband. **DM 14,80**/S 119,–

Hobby Holzschnitzen
Von der Astholzfigur zur Vollplastik.
(5101) Von H.-D. Wilden, 112 S., 16 Farbtafeln, 135 s/w-Fotos, kart.
DM 16,80/S 139,–

Bastelspaß mit der Laubsäge
Mit Schnittmusterbogen für viele Modelle
in Originalgröße. (0741) Von L. Giesche,
M. Bausch, 32 S., 61 Farbfotos, 7 Zeich-
nungen, Schnittmusterbogen, Pappband.
DM 9,80/S 79,–

Falken-Heimwerker-Praxis
Tapezieren
(0743) Von W. Nitschke, 112 S., 186 Farbfotos, 9 Zeichnungen, kart.
DM 19,80/S 159,–

Falken-Heimwerker-Praxis
Anstreichen und Lackieren
(0771) Von P. Müller, 120 S., 186 Farbfotos, 2 s/w Fotos, 3 Zeichnungen, kart.
DM 19,80/S 159,–

Falken-Heimwerker-Praxis
Fahrrad-Reparaturen
(0796) Von R. van der Plas, 112 S.,
140 Farbfotos, 113 farbige Zeichnungen,
kart. **DM 19,80**/S 159,–

Falken-Handbuch
Heimwerken
Reparieren und Selbermachen in Haus
und Wohnung – über 1100 Farbfotos.
Praktische Tips vom Profi: Selbermachen
– Reparieren, Renovieren, Kostensparen.
(4117) Von Th. Pochert, 440 S.,
1103 Farbfotos. 100 ein- und zweifarbige
Abb., Pappband. **DM 49,–**/S 398,–

Restaurieren von Möbeln
Stilkunde, Materialien, Techniken,
Arbeitsanleitungen in Bildfolgen.
(4120) Von E. Schnaus-Lorey, 152 S.,
37 Farbfotos, 75 s/w Fotos, 352 Zeichnungen, Pappband. **DM 39,–**/ S 319,–

Möbel aufarbeiten, reparieren und
pflegen
(0386) Von E. Schnaus-Lorey, 96 S.,
28 Fotos, 101 Zeichnungen, kart.,
DM 9,80/S 79,–

Vogelhäuschen, Nistkästen, Vogel-
tränken mit Plänen und Anleitungen
zum Selbstbau. (0695) Von J. Zech,
32 S., 42 Farbfotos, 5 Zeichnungen,
Pappband. **DM 7,80**/S 69,–

Papiermachen
ein neues Hobby. (5105) Von R. Weiden-
müller, 64 S., 84 Farbfotos, 9 s/w-Fotos,
Pappband. **DM 16,80**/S 139,–

Schmuck und Objekte aus Metall und
Email
(5078) Von J. Fricke, 120 S., 183 Abb.,
kart. **DM 16,80**/S 139,–

Strohschmuck selbstgebastelt
Sterne, Figuren und andere Dekorationen
(0740) Von E. Rombach, 32 S., 60 Farbfotos, 17 Zeichnungen, Pappband.
DM 7,80/S 69,–

Das Herbarium
Pflanzen sammeln, bestimmen und
pressen. (5113) Von I. Gabriel, 96 S.,
140 Farbfotos, Pappband.
DM 16,80/S 139,–

Gestalten mit Naturmaterialien
Zweige, Kerne, Federn, Muscheln und
anderes. (5128) Von I. Krohn, 64 S.,
101 Farbfotos, 11 farbige Zeichnungen,
Pappband. **DM 14,80**/S 119,–

Dauergestecke
mit Zweigen, Trocken- und Schnittblumen
(5121) Von G. Vocke, 64 S., 57 Farbfotos
Pappband. **DM 14,80**/S 119,–

Ikebana
Einführung in die japanische Kunst des
Blumensteckens. (0548) Von G. Vocke,
152 S., 47 Farbfotos, kart.
DM 19,80/S 159,–

Blumengestecke im Ikebanastil
(5041) Von G. Vocke, 64 S., 37 Farbfotos, viele Zeichnungen, Pappband.
DM 14,80/S 119,–

Hobby Trockenblumen
Gewürzsträuße, Gestecke, Kränze,
Buketts. (0643) Von R. Strobel-Schulze,
88 S., 170 Farbfotos, kart.
DM 19,80/S 159,–

Hobby Gewürzsträuße
und zauberhafte Gebinde nach Salz-
burger Art. (0726) Von A. Ott, 80 S.,
101 Farbfotos, 51 farbige Zeichnungen,
kart. **DM 19,80**/S 159,–

Trockenblumen und Gewürzsträuße
(5084) Von G. Vocke, 64 S., 63 Farbfotos, Pappband. **DM 12,80**/S 99,–

Arbeiten mit Ton
Töpfern mit und ohne Scheibe.
(5048) Von J. Fricke, 128 S., 15 Farbtafeln, 166 s/w-Fotos, kart.
DM 14,80/S 119,–

Die Preise entsprechen dem Status beim Druck die

Töpfern
als Kunst und Hobby. (4073) Von
J. Fricke, 132 S., 37 Farbfotos, 222 s/w-
Fotos, gebunden. **DM 39,–**/S 319,–

Schöne Sachen modellieren
Originelles aus Cernit – ideenreich
gestaltet. (0762) Von G. Thelen, 32 S.,
105 Farbfotos, Pappband.
DM 7,80/S 69,–

Modellieren
mit selbsthärtendem Material. (5085)
Von K. Reinhardt, 64 S., 93 Farbfotos,
Pappband. **DM 14,80**/S 119,–

Porzellanpuppen
Zauberhafte alte Puppen selbst nach-
bilden. (5138) Von C. A. und D. Stanton,
64 S., 58 Farbfotos, 22 Zeichnungen,
Pappband. **DM 16,80**/S 139.–

Marionetten
entwerfen · gestalten · führen (5118) Von
A. Krause und A. Bayer, 64 S., 83 Farbfotos, 2 s/w-Fotos, 40 Zeichnungen,
Pappband. **DM 14,80**/S 119,–

Stoffpuppen
Liebenswerte Modelle selbermachen.
(5150) Von I. Wolff, 56 S., 115 Farbfotos,
15 Zeichnungen, mit Schnittmusterbogen,
Pappband. **DM 16,80**/S 139,–

Hobby Puppen
Bezaubernde Modelle selbst gestalten.
(0742) Von B. Wenzelburger, 88 S.,
163 Farbfotos, 41 Zeichnungen,
11 Schnittmuster, kart.
DM 19,80/S 159,–

**Puppen und Figuren aus Kunst-
porzellan**
gießen, bemalen und gestalten. (0735)
Von G. Baumgarten, 32 S., 86 Farbfotos,
Pappband. **DM 9,80**/S 79,–

Die liebenswerte Welt der Puppen
(2212) Von U. D. Damrau, 80 S., 60 Farbfotos, Pappband. **DM 9,80**/S 85,–

Selbstgestrickte Puppen
Materialien und Arbeitsanleitungen.
(0638) Von B. Wehrle, 32 S., 23 Farbfotos, 24 Zeichnungen, Pappband.
DM 9,80/S 79,–

Dekorative Rupfenpuppen
Arbeitsanleitungen und Gestaltungsvor-
schläge. (0733) Von B. Wenzelburger,
32 S., 57 Farbfotos, 14 Zeichnungen,
Spiralbindung. **DM 7,80**/S 69,–

Phantasiepuppen stricken und häkeln
Märchenhafte Modelle mit Arbeitsanleitungen. (0813) Von B. Wehrle, 32 S.,
26 Farbfotos, 30 einfarbige und 16 drei-
farbige Zeichnungen, Pappband.
DM 9,80/S 79,–

**Schritt für Schritt zum Scheren-
schnitt**
Materialien · Techniken · Gestaltungsvor-
schläge. (0732) Von H. Klingmüller,
32 S., 38 Farbfotos, 34 Vorlagen, Spiralbindung. **DM 7,80**/S 69,–

Garagentore selbst bemalt
Techniken und Motive. (0786) Von
J. u. Y. Nadolny, 32 S., 24 Farbfotos,
2 s/w-Zeichnungen, Pappband.
DM 9,80/S 79,–

Alle Jahre wieder . . .
Advent – Weihnachten
Basteln – Backen – Schmücken – Singen
Vorlesen – Feiern
(4260) Von H. und Y. Nadolny, 256 S.,
105 Farbfotos, 130 Zeichnungen,
Pappband. **DM 25,–**/S 200.–

Freizeit

Aktfotografie
Interpretationen zu einem unerschöpf-
lichen Thema.
Gestaltung · Technik · Spezialeffekte.
(0737) Von H. Wedewardt, 88 S.,
144 Farb- und 6 s/w-Fotos, 6 Zeichnungen, kart. **DM 19,80**/S 159.–

Videokassette Aktfotografie
Laufzeit ca. 60 Min. in Farbe.
(6001/VHS, 6002/Video 2000,
6003/Beta) **DM 69,–**/S 619,–
(unverb. Preisempfehlung)

So macht man bessere Fotos
Das meistverkaufte Fotobuch der Welt.
(0614) Von M. L. Taylor, 192 S., 457 Farbfotos, 15 Abb., kart. **DM 14,80**/S 119,–

Falken-Handbuch
Dunkelkammerpraxis
Laboreinrichtung · Arbeitsabläufe ·
Fehlerkatalog. (4140) Von E. Pauli,
200 S., 54 Farbfotos, 239 s/w-Fotos,
171 Zeichnungen, Pappband.
DM 39,–/S 319,–

Falken-Handbuch **Trickfilmen**
Flach-, Sach- und Zeichentrickfilme – von
der Idee zur Ausführung. (4131) Von
H.-D. Wilden, 144 S., über 430 überwie-
gend farbige Abb., Pappband.
DM 39,–/S 319,–

Moderne Schmalfilmpraxis
Ausrüstungen · Drehbuch · Aufnahme
Schnitt · Vertonung. (4043) Von U. Ney,
328 S., 29 Farbfotos, 177 s/w-Fotos,
57 Zeichnungen, gebunden.
DM 29,80/S 239,–

Schmalfilmen
Ausrüstung · Aufnahmepraxis · Schnitt
Ton. (0342) Von U. Ney, 108 S., 4 Farb-
tafeln, 25 s/w-Fotos, kart.
DM 9,80/S 79,–

Schmalfilme selbst vertonen
(0593) Von U. Ney, 90 S., 57 s/w-Fotos,
14 Zeichnungen, kart. **DM 9,80**/S 79,–

Fotografie – Das Schöne als Ziel
Zur Ästhetik und Psychologie der visuel-
len Wahrnehmung. (4122) Von E. Stark,
208 S., 252 Farbfotos, 63 Zeichnungen,
Ganzleinen. **DM 78,–**/S 624,–

Ferngelenkte Motorflugmodelle
bauen und fliegen. (0400) Von W. Thies,
184 S., mit Zeichnungen und Detail-
plänen, kart. **DM 16,80**/S 139,–

Modellflug-Lexikon
(0549) Von W. Thies, 280 S.,
98 s/w-Fotos, 234 Zeichnungen,
Pappband. **DM 36,–**/S 298,–

Flugmodelle
bauen und einfliegen. (0361) Von W.
Thies und Willi Rolf, 160 S., 63 Abb.,
7 Faltpläne, kart. **DM 12,80**/S 99,–

CB-Code
Wörterbuch und Technik. (0435) Von
R. Kerler, 120 S. ,5 s/w Fotos, 9 Zeich-
nungen, kart. **DM 9,80**/S 79,–

Kleine Welt auf Rädern
Das faszinierende Spiel mit **Modelleisenbahnen** (4175) Von F. Eisen, 256 S.,
72 Farb- und 180 s/w-Fotos, 25 Zeichnungen, Pappband. **DM 29,80**/S 239,–

Modelleisenbahnen im Freien
Mit Volldampf durch den Garten. (4245)
Von F. Eisen, 96 S., 115 Farb-, 4 s/w-
Fotos, 5 Zeichnungen, Pappband.
DM 29,80/S 239,–

Raketen auf Rädern
Autos und Motorräder an der Schall-
grenze. (4220) Von H. G. Isenberg, 96 S.,
112 Farbfotos, 21 s/w-Fotos, Pappband.
DM 24,80/S 198,–

Die rasantesten Rallyes der Welt
(4213) Von H. G. Isenberg und D.
Maxeiner, 96 S., 116 Farbfotos,
Pappband. **DM 24,80**/S 198,–

Trucks
Giganten der Landstraßen in aller Welt.
(4222) Von H. G. Isenberg, 96 S.,
131 Farbfotos, Pappband.
DM 24,80/S 198.–

Die Super-Trucks der Welt
(4257) Von H. G. Isenberg, 194 S.,
205 Farbfotos, 87 s/w-Fotos, 7 Farbzeichnungen, 4 Ausklapptafeln,
Pappband. **DM 39,–**/S 319.–

Ferngelenkte Elektromodelle
bauen und fliegen. (0700) Von W. Thies,
144 S., 52 s/w-Fotos, 50 Zeichnungen,
kart. **DM 16,80**/139.–

Schiffsmodelle
selber bauen. (0500) Von D. und R. Loch-
ner, 200 S., 93 Zeichnungen, 2 Faltpläne,
kart. **DM 14,80**/S 119,–

Dampflokomotiven
(4204) Von W. Jopp, 96 S., 134 Farbfotos, Pappband. **DM 24,80**/S 198,–

Zivilflugzeuge
Vom Kleinflugzeug zum Überschall-Jet.
(4218) Von R. J. Höhn und H. G.
Isenberg, 96 S., 115 Farbfotos,
Pappband. **DM 24,80**/S 198,–

Ferngelenkte Segelflugmodelle
bauen und fliegen. (0446) Von W. Thies,
176 S., 32 s/w-Fotos, 115 Zeichnungen,
kart. **DM 14,80**/S 119,–

Die schnellsten Motorräder der Welt
(4206) Von H. G. Isenberg und D.
Maxeiner, 96 S., 100 Farbfotos,
Pappband. **DM 24,80**/S 198,–

Motorrad-Hits
Chopper, Tribikes, Heiße Öfen. (4221)
Von H. G. Isenberg, 96 S., 119 Farbfotos,
Pappband. **DM 24,80**/S 198,–

Die Super-Motorräder der Welt
(4193) Von H. G. Isenberg, 192 S.,
170 Farb- und 100 s/w-Fotos, 8 Zeichnungen, Pappband. **DM 39,–**/S 310,–

Motorrad-Faszination
Heiße Öfen, von denen jeder träumt.
(4223) Von H. G. Isenberg, 96 S.,
103 Farb- und 20 s/w-Fotos, Pappband.
DM 24,80/S 198,–

Autos, die die Welt bewegten
Oldtimer
(2217) Von H. G. Isenberg, 80 S.,
32 Farb- und 22 s/w-Fotos, Pappband.
DM 9,80/S 85,–

Münzen
Ein Brevier für Sammler. (0353) Von
E. Dehnke, 128 S., 4 Farbtafeln, 17 s/w-
Abb., kart. **DM 9,80**/S 79.–

Astronomie als Hobby
Sternbilder und Planeten erkennen und
benennen. (0572) Von D. Block, 176 S.,
16 Farbtafeln, 49 s/w-Fotos, 93 Zeichnungen, kart. **DM 14.80**/S 119.–

Der Bart
Die individuelle Note des Mannes. (2222)
Von H. Strutzmann, 80 S., 58 Farbfotos,
Pappband. **DM 9,80**/S 85,–

Gitarre spielen
Ein Grundkurs für den Selbstunterricht.
(0534) Von A. Roßmann, 96 S., 1 Schall-
folie, 150 Zeichnungen, kart.
DM 24,80/S 198.–

Falken-Handbuch Zaubern
Über 400 verblüffende Tricks. (4063)
Von F. Stutz, 368 S., 1200 Zeichnungen,
Pappband. **DM 36,–**/S 298.–

Zaubern
einfach – aber verblüffend. (2018) Von
D. Buoch, 84 S., 41 Zeichnungen, kart.
DM 6,80/S 59.–

Zaubertricks
Das große Buch der Magie. (0282) Von
J. Zmeck, 208 S., 113 Abb., kart.
DM 14,80/S 119.–

Magische Zaubereien
(0672) Von W. Widenmann, 64 S.,
31 Zeichnungen, kart. **DM 7,80**/S 69.–

Pfeife rauchen
Die hohe Kunst, Tabak zu genießen.
(2203) Von W. Hufnagel, 80 S., 77 Farbfotos, 4 s/w-Fotos, 11 Zeichnungen,
Pappband. **DM 9,80**/S 85.–

Mit vollem Genuß
Pfeife rauchen
Alles über Tabaksorten, Pfeifen und
Zubehör. (4227) Von H. Behrens,
H. Frickert, 168 S., 127 Farbfotos,
18 Zeichnungen, Pappband.
DM 39,–/S 319.–

Mineralien, Steine und Fossilien
Grundkenntnisse für Hobby-Sammler.
(0437) Von D. Stobbe, 96 S., 16 Farbtafeln, 14 s/w-Fotos, 10 Zeichnungen,
kart. **DM 9,80**/S 79.–

Vom verführerischen Feuer der
Edelsteine
(2221) Von H. A. Mehler, R. Klotz, 80 S.,
46 Farbfotos, Pappband.
DM 9,80/S 85.–

Freizeit mit dem Mikroskop
(0291) Von M. Deckart, 132 S., 8 Farbtafeln, 64 s/w Abb., 2 Zeichnungen, kart.
DM 9,80/S 79.–

Briefmarken
sammeln für Anfänger. (0481) Von
D. Stein, 120 S., 4 Farbtafeln,
98 s/w-Abb., kart. **DM 9,80**/S 79.–

Wir lernen tanzen
Standard- und lateinamerikanische
Tänze. (0200) Von E. Fern, 168 S.,
118 s/w-Fotos, 47 Zeichnungen, kart.
DM 9,80/S 70,–

Tanzstunde
Das Welttanzprogramm · Party-Tanz-
stunde. (5018) Von G. Hädrich, 172 S.,
443 s/w-Fotos, 140 Zeichnungen,
Pappband. **DM 19,80**/S 159,–

So tanzt man Rock'n'Roll
Grundschritte · Figuren · Akrobatik.
(0573) Von W. Steuer und G. Marz,
224 S., 303 Abb., kart.
DM 16,80/S 139,–

Disco-Tänze
(0491) Von B. und F. Weber, 104 S.,
104 Abb., kart. **DM 6,80**/S 59,–

Tanzen überall
Discofox, Rock'n'Roll, Blues, Langsamer
Walzer, Cha-Cha-Cha zum Selberlernen.
(0760) Von H. M. Pritzer, 112 S.,
128 Farbfotos, kart. **DM 19,80**/S 159,–

Videokassette **Tanzen überall**
Discofox, Rock'n'Roll, Blues. (6004/VHS,
6005/Video 2000, 6006/Beta) Von
H. M. Pritzer, G. Steinheimer, in Farbe,
ca. 45 Min. **DM 69,–**/S 619,–
(unverb. Preisempfehlung)

**Unser schönes Deutschland
neu gesehen**
(4199) Hrsg. U. Moll, 208 S., 800 Farbfotos, Pappband. **DM 29,80**/S 239,–

Schwarzwald-Romantik
Vom Zauber einer deutschen Landschaft.
(4232) Hrsg. A. Rolf, 184 S., 273 Farbfotos, Pappband. **DM 29,80**/S 239,–

Sport

Judo
Grundlagen des Stand- und Boden-
kampfes. (4013) Von W. Hofmann,
244 S., 589 Fotos, Pappband.
DM 29,80/S 239.–

Neue Lehrmethoden der Judo-Praxis
(0424) Von P. Herrmann, 223 S.,
475 Abb., kart. **DM 16,80**/S 139.–

Judo
Grundlagen – Methodik. (0305) Von
M. Ohgo, 208 S., 1025 Fotos, kart.
DM 14,80/S 119.–

Fußwürfe
für Judo, Karate und Selbstverteidigung.
(0439) Von H. Nishioka, 96 S., 260 Abb.,
kart. **DM 9,80**/S 79.–

Karate für alle
Karate-Selbstverteidigung in Bildern.
(0314) Von A. Pflüger, 112 S., 356 s/w-
Fotos, kart. **DM 9,80**/S 79.–

Karate für Frauen und Mädchen
Sport und Selbstverteidigung. (0425)
Von A. Pflüger, 168 S., 259 s/w-Fotos,
kart. **DM 12,80**/S 99.–

Nakayamas Karate perfekt 1
Einführung. (0487) Von M. Nakayama,
136 S., 605 s/w-Fotos, kart.
DM 19,80/S 159.–

Nakayamas Karate perfekt 2
Grundtechniken. (0512) Von
M. Nakayama, 136 S., 354 s/w-Fotos,
53 Zeichnungen, kart.
DM 19,80/S 159.–

Nakayamas Karate perfekt 3
Kumite 1: Kampfübungen. (0538) Von
M. Nakayama, 128 S., 424 s/w-Fotos,
kart. **DM 19,80**/S 159.–

Nakayamas Karate perfekt 4
Kumite 2: Kampfübungen. (0547) Von
M. Nakayama, 120 S., 394 s/w-Fotos,
kart. **DM 19,80**/S 159.–

Nakayamas Karate perfekt 5
Kata 1: Heian, Tekki. (0571) Von
M. Nakayama, 144 S., 1229 s/w-Fotos,
kart. **DM 19,80**/S 159.–

Nakayamas Karate perfekt 6
Kata 2: Bassai-Dai, Kanku-Dai,
(0600) Von M. Nakayama, 144 S.,
1300 s/w-Fotos, 107 Zeichnungen, kart.
DM 19,80/S 159.–

Nakayamas Karate perfekt 7
Kata 3: Jitte, Hangetsu, Empi. (0618)
Von M. Nakayama, 144 S., 1988 s/w-
Fotos, 105 Zeichnungen, kart.
DM 19,80/S 159.–

Nakayamas Karate perfekt 8
Gankaku, Jion. (0650) Von
M. Nakayama, 144 S., 1174 s/w-Fotos,
99 Zeichungen, kart. **DM 19,80**/S 159.–

Kontakt-Karate
Ausrüstung · Technik · Training. (0396)
Von A. Pflüger, 112 S., 238 s/w-Fotos,
kart. **DM 14,80**/S 119.–

Karate-Do
Das Handbuch des modernen Karate.
(4028) Von A. Pflüger, 360 S., 1159 Abb.,
Pappband. **DM 39,–**/S 319.–

Bo-Karate
Kukishin-Ryu – die Techniken des Stock-
kampfes. ((0447) Von G. Stiebler, 176 S.,
424 s/w-Fotos, 38 Zeichnungen, kart.
DM 16,80/S 139.–

Karate I
Einführung · Grundtechniken. (0227)
Von A. Pflüger, 148 S., 195 s/w-Fotos,
120 Zeichnungen, kart.
DM 9,80/S 79.–

Karate II
Kombinationstechniken · Katas. (0239)
Von A. Pflüger, 176 S., 452 s/w-Fotos
und Zeichnungen, kart.
DM 9,80/S 79.–

Karate Kata 1
Heian 1-5, Tekki 1, Bassai Dai. (0683)
Von W.-D. Wichmann, 164 S., 703 s/w-
Fotos, kart. **DM 19,80**/S 159,–

Karate Kata 2
Jion, Empi, Kanku-Dai, Hangetsu.
(0723) Von W.-D. Wichmann, 140 S.,
661 s/w Fotos, 4 Zeichnungen, kart.
DM 19,80/S 159,–

Ninja 1
Die Lehre der Schattenkämpfer. (0758)
Von S. K. Hayes, 144 S., 137 s/w-Fotos,
kart. **DM 16,80**/S 139,–

Ninja 2
Die Wege zum Shoshin (0763) Von
S. K. Hayes, 160 S., 309 s/w-Fotos, kart.
DM 16,80/S 139,–

Ninja 3
Der Pfad des Togakure-Kämpfers.
(0764) Von S. K. Hayes, 144 S., 197 s/w-
Fotos, 2 Zeichnungen, kart.
DM 16,80/S 139,–

Ninja 4
Das Vermächtnis der Schattenkämpfer.
(0807) Von S. K. Hayes, 196 S., 466 s/w
Fotos, kart. **DM 16,80**/S 139,–

Der König des Kung-Fu
Bruce Lee
Sein Leben und Kampf. (0392) Von
seiner Frau Linda. 136 S., 104 s/w Fotos,
kart. **DM 19,80**/S 159.–

Bruce Lees Kampfstil 1
Grundtechniken. (0473) Von B. Lee und
M. Uyehara, 109 S., 220 Abb., kart.
DM 9,80/S 79.–

Bruce Lees Kampfstil 2
Selbstverteidigungs-Techniken. (0486)
Von B. Lee und M. Uyehara, 128 S.,
310 Abb., kart. **DM 9,80**/S 79.–

Bruce Lees Kampfstil 3
Trainingslehre. (0503) Von B. Lee und
M. Uyehara, 112 S., 246 Abb., kart.
DM 9,80/S 79.–

Bruce Lees Kampfstil 4
Kampftechniken. (0523) Von B. Lee und
M. Uyehara, 104 S., 211 Abb., kart.
DM 9,80/S 79.–

Bruce Lees Jeet Kune Do
(0440) Von B. Lee, 192 S., mit 105 eigen-
händigen Zeichnungen von B. Lee, kart.
DM 19,80/S 159.–

Ju-Jutsu 1
Grundtechniken – Moderne Selbstverteidigung. (0276) Von W. Heim und
F. J. Gresch, 160 S., 460 s/w-Fotos,
8 Zeichnungen, kart. **DM 9,80**/S 79.–

Ju-Jutsu 2
für Fortgeschrittene und Meister. (0378)
Von W. Heim und F. J. Gresch, 164 S.,
798 s/w-Fotos, kart. **DM 19,80**/S 159.–

FALKEN VERLAG

6

Ju-Jutsu 3
Spezial-, Gegen- und Weiterführungs-Techniken. (0485) Von W. Heim und F. J. Gresch, 214 S., über 600 s/w-Fotos, kart. **DM 19,80**/S 159.–

Ju-Jutsu als Wettkampf
(0826) Von G. Kulot, 168 S., 418 s/w-Fotos, 2 Zeichnungen, kart. **DM 19,80**/S 159.–

Nunchaku
Waffe · Sport · Selbstverteidigung. (0373) Von A. Pflüger, 144 S., 247 Abb., kart. **DM 16,80**/S 139.–

Shuriken · Tonfa · Sai
Stockfechten und andere bewaffnete Kampfsportarten aus Fernost. (0397) Von A. Schulz, 96 S., 253 s/w-Fotos, kart. **DM 12,80**/S 99.–

Illustriertes Handbuch des Taekwon-Do
Koreanische Kampfkunst und Selbstverteidigung. (4053) Von K. Gil, 248 S., 1026 Abb., Pappband. **DM 29,80**/S 239.–

Taekwon-Do
Koreanischer Kampfsport. (0347) Von K. Gil, 152 S., 408 Abb., kart. **DM 12,80**/S 99.–

Aikido
Lehren und Techniken des harmonischen Weges. (0537) Von R. Brand, 280 S., 697 Abb., kart. **DM 19,80**/S 159.–

Kung-Fu und Tai-Chi
Grundlagen und Bewegungsabläufe. (0507) Von B. Tegner, 182 S., 370 s/w-Fotos, kart. **DM 14,80**/S 119.–

Kung-Fu
Theorie und Praxis klassischer und moderner Stile. (0376) Von M. Pabst, 160 S., 330 Abb., kart. **DM 12,80**/S 99.–

Shaolin-Kempo – Kung-Fu
Chinesisches Karate im Drachenstil. (0395) Von R. Czerni und K. Konrad. 246 S., 723 Abbildungen, kart. **DM 19,80**/S 159.–

Hap Ki Do
Grundlagen und Techniken koreanischer Selbstverteidigung. (0379) Von Kim Sou Bong, 112 S., 153 Abb., kart. **DM 14,80**/S 119.–

Dynamische Tritte
Grundlagen für den Zweikampf. (0438) Von C. Lee, 96 S., 398 s/w-Fotos, 40 Zeichnungen, kart. **DM 9,80**/S 79.–

Kickboxen
Fitneßtraining und Wettkampfsport. (0795) Von G. Lemmens, 96 S., 208 s/w-Fotos, 23 Zeichnungen, kart. **DM 16,80**/S 139.–

Muskeltraining mit Hanteln
Leistungssteigerung für Sport und Fitness. (0676) Von H. Schulz, 108 S., 92 s/w-Fotos, 2 Zeichnungen, kart. **DM 9,80**/S 79.–

Leistungsfähiger durch Krafttraining
Eine Anleitung für Fitness-Sportler, Trainer und Athleten (0617) Von W. Kieser, 100 S., 20 s/w-Fotos, 62 Zeichnungen, kart. **DM 9,80**/S 79.–

Bodybuilding
Anleitung zum Muskel- und Konditionstraining für sie und ihn. (0604) Von R. Smolana. 160 S., 171 s/w-Fotos, kart. **DM 9,80**/S 79.–

Hanteltraining zu Hause
(0800) Von W. Kieser, 80 S., 71 s/w-Fotos, 4 Zeichnungen, kart. **DM 9,80**/S 79.–

Fit und gesund
Körpertraining und Bodybuilding zu Hause. (0782) Von H. Schulz, 80 S., 100 Farbfotos, 3 Zeichnungen, kart. **DM 14,80**/S 119.–
Video-Kassette:

Fit und gesund
VHS (6013), Video 2000 (6014), Beta (6015), Laufzeit 30 Minuten, in Farbe. **DM 49,80**/S 448.–
(unverb. Preisempf.)
Package (Buch und Kassette)

Fit und gesund
(6019/VHS, 6020/Video 2000, 6021/Beta). Von H. Schulz, **69,–**/S 619,–
(unverbindl. Preisempf.)

Bodybuilding für Frauen
Wege zu Ihrer Idealfigur (0661) Von H. Schulz, 108 S., 84 s/w-Fotos, 4 Zeichnungen, großes farbiges Übungsposter, kart. **DM 14,80**/S 119.–

Isometrisches Training
Übungen für Muskelkraft und Entspannung. (0529) Von L. M. Kirsch, 140 S., 162 s/w-Fotos, kart. **DM 9,80**/S 79.–

Spaß am Laufen
Jogging für die Gesundheit. (0470) Von W. Sonntag, 140 S., 41 s/w-Fotos, 1 Zeichnung, kart. **DM 9,80**/S 79.–

Mein bester Freund, der Fußball
(5107) Von D. Brüggemann und D. Albrecht, 144 S., 171 Abb., kart. **DM 16,80**/S 139.–

Fußball
Training und Wettkampf. (0448) Von H. Obermann und P. Walz, 166 S., 92 s/w-Fotos, 15 Zeichnungen, 29 Diagramme, kart. **DM 12,80**/S 99.–

Handball
Technik · Taktik · Regeln. (0426) Von F. und P. Hattig, 128 S., 91 s/w-Fotos, 121 Zeichnungen, kart. **DM 14,80**/S 119.–

Volleyball
Technik · Taktik · Regeln. (0351) Von H. Huhle, 104 S., 330 Abb., kart. **DM 9,80**/S 79.–

Basketball
Technik und Übungen für Schule und Verein. (0279) Von C. Kyriasoglou, 116 S., mit 252 Übungen zur Basketballtechnik, 186 s/w-Fotos und 164 Zeichnungen, kart. **DM 12,80**/S 99.–

Hockey
Technische und taktische Grundlagen. (0398) Von H. Wein, 152 S., 60 s/w-Fotos, 30 Zeichnungen, kart. **DM 16,80**/S 139.–

Eishockey
Lauf- und Stocktechnik, Körperspiel, Taktik, Ausrüstung und Regeln. (0414) Von J. Čapla, 264 S., 548 s/w-Fotos, 163 Zeichnungen, kart. **DM 19,80**/S 159.–

Badminton
Technik · Taktik · Training. (0699) Von K. Fuchs, L. Sologub, 168 S., 51 Abb., kart. **DM 16,80**/S 139.–

Golf
Ausrüstung · Technik · Regeln. (0343) Von J. C. Jessop, übersetzt von H. Biemer, mit einem Vorwort von H. Krings, Präsident des Deutschen Golf-Verbandes, 160 S., 65 Abb., Anhang Golfregeln des DGV, kart. **DM 16,80**/S 139.–

Pool-Billard
(0484) Herausgegeben vom Deutschen Pool-Billard-Bund, von M. Bach und K.-W. Kühn, 88 S., mit über 80 Abb., kart. **DM 7,80**/S 69.–

Sportschießen
für jedermann. (0502) Von A. Kovacic, 124 S., 116 s/w-Fotos, kart. **DM 14,80**/S 119.–

Fechten
Florett · Degen · Säbel. (0449) Von E. Beck, 88 S., 219 Fotos und Zeichnungen, kart. **DM 11,80**/S 94.–

Reiten
Dressur · Springen · Gelände. (0415) Von U. Richter, 168 S., 235 Abb., kart. **DM 12,80**/S 99.–

Fibel für Kegelfreunde
Sport- und Freizeitkegeln · Bowling. (0191) Von G. Bocsai, 72 S., 62 Abb., kart. **DM 5,80**/S 49.–

Beliebte und neue Kegelspiele
(0271) Von G. Bocsai, 92 S., 62 Abb., kart. **DM 5,80**/S 49.– –

111 spannende Kegelspiele
(2031) Von H. Regulski, 88 S., 53 Zeichnungen, kart., **DM 7,80**/S 69.–

Ski-Gymnastik
Fit für Piste und Loipe. (0450) Von H. Pilss-Samek, 104 S., 67 s/w-Fotos, 20 Zeichnungen, kart. **DM 6,80**/S 59.–

Die neue Skischule
Ausrüstung · Technik · Trickskilauf · Gymnastik. (0369) Von C. und R. Kerler, 128 S., 100 Abb., kart. **DM 9,80**/S 79.–

Skilanglauf, Skiwandern
Ausrüstung · Technik · Skigymnastik. (5129) Von T. Reiter und R. Kerler, 80 S., 8 Farbtafeln, 85 Zeichnungen und s/w-Fotos, kart. **DM 14,80**/S 119,–

Alpiner Skisport
Ausrüstung · Technik · Skigymnastik. (5130) Von K. Meßmann, 128 S., 8 Farbtafeln, 93 s/w-Fotos, 45 Zeichnungen, kart. **DM 14,80**/S 119.–

Die neue Tennis-Praxis
Der individuelle Weg zu erfolgreichem Spiel. (4097) Von R. Schönborn, 240 S., 202 Farbzeichnungen, 31 s/w-Abb., Pappband. **DM 39,–**/S 319.–

Erfolgreiche Tennis-Taktik
(4086) Von R. Ford Greene, übersetzt von M. R. Fischer, 182 S., 87 Abb., kart. **DM 19,80**/S 159.–

Moderne Tennistechnik
(4187) Von G. Lam, 192 S., 339 s/w-Fotos, 91 Zeichnungen, kart. **DM 24,80**/S 198.–

Tennis kompakt
Der erfolgreiche Weg zu Spiel, Satz und Sieg. (5116) Von W. Taferner, 128 S., 82 s/w-Fotos, 67 Zeichnungen, kart. **DM 14,80**/S 119.–

Tennis
Technik · Taktik · Regeln. (0375) Von H. Elschenbroich, 112 S., 81 Abb., kart. **DM 6,80**/S 59.–

Tischtennis-Technik
Der individuelle Weg zu erfolgreichem Spiel. (0775) Von M. Perger, 144 S., 296 Abb. kart. **DM 16,80**/S 139,–

Squash
Ausrüstung · Technik · Regeln. (0539) Von D. von Horn und H.-D. Stünitz, 96 S., 55 s/w-Fotos, 25 Zeichnungen, kart. **DM 8,80**/S 74.–

Sporttauchen
Theorie und Praxis des Gerätetauchens.
(0647) Von S. Müßig, 144 S., 8 Farbtafeln, 35 s/w-Fotos, 89 Zeichnungen,
kart., **DM 14,80**/S 119.–

Windsurfing
Lehrbuch für Grundschein und Praxis.
(5028) Von C. Schmidt, 64 S., 100 Farbfotos, Pappband. **DM 12,80**/S 99.–

Segeln
Der neue Grundschein – Vorstufe zum
A-Schein – Mit Prüfungsfragen.
(5147) Von C. Schmidt, 80 S., 8 Farbtafeln, 18 Farbfotos, 82 Zeichnungen,
kart., **DM 14,80**/S 119,–

Sportfischen
Fische – Geräte – Technik. (0324) Von
H. Oppel, 144 S., 49 s/w-Fotos, 8 Farb-
tafeln, kart. **DM 9,80**/S 79.–

Falken-Handbuch Angeln
in Binnengewässern und im Meer. (4090)
Von H. Oppel, 344 S., 24 Farbtafeln,
66 s/w-Fotos, 151 Zeichnungen,
gebunden. **DM 39,**–/S 319.–

Angeln
Kleine Fibel für den Sportfischer. (0198)
Von E. Bondick, 96 S., 116 Abb., kart.
DM 8,80/S 74.–

Die Erben Lilienthals
Sportfliegen heute
(4054) Von G. Brinkmann, 240 S.,
32 Farbtafeln, 176 s/w-Fotos, 33 Zeichnungen, gebunden. **DM 39,**–/S 319.–

Einführung in das Schachspiel
(0104) Von W. Wollenschläger und
K. Colditz, 92 S., 116 Diagramme, kart.
DM 6,80/S 59.–

Schach mit dem Computer
(0747) Von D. Frickenschmidt, 140 S.,
112 Diagramme, 29 s/w-Fotos, 5 Zeichnungen, **DM 16,80**/S 139,–

Spielend Schach lernen
(2002) Von T. Schuster, 128 S., kart.
DM 6,80/S 59.–

Kinder- und Jugendschach
Offizielles Lehrbuch des Deutschen
Schachbundes zur Erringung der Bauern-,
Turm- und Königsdiplome. (0561) Von
B. J. Withuis und H. Pfleger, 144 S.,
220 Zeichnungen u. Diagramme, kart.
DM 12,80/S 90.–

Neue Schacheröffnungen
(0478) Von T. Schuster, 108 S.,
100 Diagramme, kart. **DM 8,80**/S 74.–

Schach für Fortgeschrittene
Taktik und Probleme des Schachspiels.
(0219) Von R. Teschner, 96 S., 85 Diagramme, kart. **DM 5,80**/S 49.–

Taktische Schachendspiele
(0752) Von J. Nunn, 200 S., 151 Diagramme, kart. **DM 16,80**/S 139,–

Schach-WM '85 Karpow – Kasparow.
Mit ausführlichen Kommentaren zu allen
Partien. (0785) Von H. Pfleger, O. Borik,
M. Kipp-Thomas, 128 S., zahlreiche Abb.
und Diagramme, kart. **DM 14,80**/S 119,–

Schachstrategie
Ein Intensivkurs mit Übungen und aus-
führlichen Lösungen. (0584) Von
A. Koblenz, dt. Bearb. von K. Colditz,
212 S., 240 Diagramme, kart.
DM 16,80/S 139.–

Falken-Handbuch Schach
(4051) Von T. Schuster, 360 S., über
340 Diagramme, gebunden.
DM 36,–/S 298.–

**Die besten Partien deutscher
Schachgroßmeister**
(4121) Von H. Pfleger, 192 S.,
29 s/w-Fotos, 89 Diagramme,
Pappband. **DM 29,80**/S 239.–

Turnier der Schachgroßmeister '83
Karpow · Hort · Browne · Miles ·
Chandler · Garcia · Rogers · Kindermann.
(0718) Von H. Pfleger, E. Kurz, 176 S.,
29 s/w-Fotos, 71 Diagramme, kart.
DM 16,80/S 139.–

**Lehr-, Übungs- und Testbuch der
Schachkombinationen**
(0649) Von K. Colditz, 184 S., 227 Diagramme, kart. **DM 14,80**/S 119.–

**Zug um Zug
Schach für jedermann 1**
Offizielles Lehrbuch des Deutschen
Schachbundes zur Erringung des Bauern-
diploms. (0648) Von H. Pfleger und
E. Kurz, 80 S., 24 s/w-Fotos,
8 Zeichnungen, 60 Diagramme, kart.
DM 6,80/ S 59.–

**Zug um Zug
Schach für jedermann 2**
Offizielles Lehrbuch des Deutschen
Schachbundes zur Erringung des Turm-
diploms. (0659) Von H. Pfleger und
E. Kurz, 132 S., 8 s/w-Fotos,
14 Zeichnungen, 78 Diagramme, kart.
DM 9,80/S 79.–

**Zug um Zug
Schach für jedermann 3**
Offizielles Lehrbuch des Deutschen
Schachbundes zur Erringung des Königs-
diploms. (0728) Von H. Pfleger, G. Trepp-
ner, 128 S., 4 s/w-Fotos, 84 Diagramme,
10 Zeichnungen, kart. **DM 9,80**/S 79.–

Schachtraining mit den Großmeistern
(0670) Von H. Bouwmeester, 128 S.,
90 Diagramme, kart. **DM 14,80**/S 119.–

Schach als Kampf
Meine Spiele und mein Weg. (0729) Von
G. Kasparow, 144 S., 95 Diagramme,
9 s/w-Fotos, kart. **DM 14,80**/S 119,–

Spiele, Denksport, Unterhaltung

Kartenspiele
(2001) Von C. D. Grupp, 144 S., kart.
DM 9,80/S 79.–

**Neues Buch der
siebzehn und vier Kartenspiele**
(0095) Von K. Lichtwitz, 96 S., kart.
DM 6,80/S 59.–

Alles über Pokern
Regeln und Tricks. (2024) Von C. D.
Grupp, 96 S., 29 Kartenbilder, kart.
DM 8,80/S 74.–

Rommé und Canasta
in allen Variationen. (2025) Von C. D.
Grupp, 124 S., 24 Zeichnungen, kart.,
DM 9,80/S 79.–

**Schafkopf, Doppelkopf, Binokel,
Cego, Gaigel, Jaß, Tarock und andere
„Lokalspiele".**
(2015) Von C. D. Grupp, 152 S., kart.
DM 12,80/S 99.–

Spielend Skat lernen
unter freundlicher Mitarbeit des deutschen
Skatverbandes. (2005) Von Th. Krüger,
156 S., 181 s/w-Fotos, 22 Zeichnungen,
kart. **DM 9,80**/S 79,–

Das Skatspiel
Eine Fibel für Anfänger. (0206) Von
K. Lehnhoff, überarb. von P.A. Höfges,
96 S., kart. **DM 6,80**/S 59.–

Black Jack
Regeln und Strategien des Kasinospiels.
(2032) Von K. Kelbratowski, 88 S., kart.
DM 9,80/S 79.–

Falken-Handbuch Patiencen
Die 111 interessantesten Auslagen. (4151)
Von U. v. Lyncker, 216 S., 108 Abbil-
dungen, Pappband. **DM 29,80**/S 239.–

Patiencen
in Wort und Bild. (2003) Von I. Wolter,
136 S., kart. **DM 7,80**/S 69.–

Falken-Handbuch Bridge
Von den Grundregeln zum Turnierspiel.
(4092) Von W. Voigt und K. Ritz, 276 S.,
792 Zeichnungen, gebunden.
DM 39,–/S 319.–

Spielend Bridge lernen
(2012) Von J. Weiss, 108 S., 58 Zeichnungen, kart. **DM 7,80**/S 69.–

Spieltechnik im Bridge
(2004) Von V. Mollo und N. Gardener,
deutsche Adaption von D. Schröder,
216 S., kart. **DM 16,80**/S 139.–

Besser Bridge spielen
Reiztechnik, Spielverlauf und Gegenspiel.
(2026) Von J. Weiss, 144 S., 60 Diagramme, kart. **DM 14,80**/S 119.–

Herausforderung im Bridge
200 Aufgaben mit Lösungen. (2033) Von
V. Mollo, 152 S., kart. **DM 19,80**/S 159 –

Kartentricks
(2010) Von T. A. Rosee, 80 S., 13 Zeichnungen, kart. **DM 6,80**/S 59.–

Mah Jongg
Das chinesische Glücks-, Kombinations-
und Gesellschaftsspiel. (2030) Von
U. Eschenbach, 80 S., 30 s/w-Fotos,
5 Zeichnungen, kart. **DM 9,80**/S 79.–

Neue Kartentricks
(2027) Von K. Pankow, 104 S., 20 Abb.,
kart. **DM 7,80**/S 69.–

Backgammon
für Anfänger und Könner. (2008) Von
G. W. Fink und G. Fuchs, 116 S., 41 Abb.,
kart. **DM 9,80**/S 79.–

Würfelspiele
für jung und alt. (2007) Von F. Pruss,
112 S., 21 s/w-Zeichnungen, kart.
DM 7,80/S 69.–

Gesellschaftsspiele
für drinnen und draußen. (2006) Von
H. Görz, 128 S., kart. **DM 6,80**/S 59.–

Spiele für Party und Familie
(2014) Von Rudi Carrell, 160 S., 50 Abb.,
kart. **DM 9,80**/S 79.–

Dame
Das Brettspiel in allen Variationen.
(2028) Von C. D. Grupp, 104 S.,
122 Diagramme, kart. **DM 9,80**/S 79.–

Das japanische Brettspiel Go
(2020) Von W. Dörholt, 104 S., 182 Diagramme, kart. **DM 9,80**/S 79.–

Roulette richtig gespielt
Systemspiele, die Vermögen brachten.
(0121) Von M. Jung, 96 S., zahlreiche
Tabellen, kart. **DM 7,80**/S 69.–

**So gewinnt man gegen
Video- und Computerspiele**
(0644) Von C. Kerler, 160 S., 25 Zeichnungen, 30 s/w-Fotos, kart.
DM 6,80/S 59.–

Denksport und Schnickschnack
für Tüftler und fixe Köpfe. (0362) Von
J. Barto, 100 S., 45 Abb., kart.
DM 6,80/S 59.–

Rätselspiele, Quiz- und Scherzfragen
für gesellige Stunden. (0577) Von K.-H. Schneider, 168 S., über 100 Zeichnungen, Pappband. **DM 16,80** /S 139.–

Knobeleien und Denksport
(2019) Von K. Rechberger, 142 S., 105 Zeichnungen, kart. **DM 7,80** /S 69.–

Quiz
Mehr als 1500 ernste und heitere Fragen aus allen Gebieten. (0129) Von R. Sautter und W. Pröve, 92 S., 9 Zeichnungen, kart. **DM 7,80** /S 69.–

500 Rätsel selberraten
(0681) Von E. Krüger, 272 S., kart. **DM 9,95** /S 79.–

Das Super-Kreuzwort-Rätsel-Lexikon
Über 150.000 Begriffe. (4126) Von H. Schiefelbein, 684 S., Pappband. **DM 19,80** /S 159.–

365 Schwedenrätsel
(4173) Von Günther Borutta, 336 S.,kart. **DM 16,80** /S 139,–

501 Rätsel selberraten
(0711) Von E. Krüger, 272 S., kart. **DM 9,95** /S 79.–

Riesen-Kreuzwort-Rätsel-Lexikon
über 250.000 Begriffe. (4197) Von H. Schiefelbein, 1024 S., Pappband. **DM 29,80** /S 239.–

Das große farbige Kinderlexikon
(4195) Von U. Kopp, 320 S., 493 Farbabb., 17 s/w-Fotos, Pappband. **DM 29,80** /S 239,–

Das große farbige Bastelbuch für Kinder
(4254) Von U. Barff, I. Burkhardt, J. Maier, 224 S., 157 Farbfotos, 430 Farb- und 69 s/w-Zeichnungen, Pappband. **DM 29,80** /S 230.–

Punkt, Punkt, Komma, Strich
Zeichenstunden für Kinder. (0564) Von H. Witzig, 144 S., über 250 Zeichnungen, kart. **DM 6,80** /S 59.–

Einmal grad und einmal krumm
Zeichenstunden für Kinder. (0599) Von H. Witzig, 144 S., 363 Abb., kart. **DM 6,80** /S 59.–

Kinderspiele
die Spaß machen. (2009) Von H. Müller-Stein, 112 S., 28 Abb., kart. **DM 6,80** /S 59.–

Spiele für Kleinkinder
(2011) Von D. Kellermann, 80 S., 23 Abb., kart. **DM 5,80** /S 49.–

Kasperletheater
Spieltexte und Spielanleitungen · Basteltips für Theater und Puppen. (0641) Von U. Lietz, 136 S., 4 Farbtafeln, 12 s/w-Fotos, 39 Zeichnungen, kart. **DM 9,80** /S 79.–

Kindergeburtstag
Vorbereitung, Spiel und Spaß. (0287) Von Dr. I. Obrig, 104 S., 40 Abb., 11 Zeichnungen, 9 Lieder mit Noten, kart. **DM 5,80** /S 49.–

Kindergeburtstage die keiner vergißt
Planung, Gestaltung, Spielvorschläge. (0698) Von G. und G. Zimmermann, 102 S., 80 Vignetten, kart. **DM 9,80** / S 79,–

Kinderfeste
daheim und in Gruppen. (4033) Von G. Blechner, 240 S., 320 Abb., kart. **DM 19,80** /S 159.–

Scherzfragen, Drudel und Blödeleien
gesammelt von Kindern. (0506) Hrsg. von W. Pröve, 112 S., 57 Zeichnungen, kart. **DM 5,80** /S 49.–

Kein schöner Land. . .
Das große Buch unserer beliebtesten Volkslieder. (4150) 208 S., 108 Farbzeichnungen, Pappband. **19,80** /S 159.–

Komm mit ins Land der Lieder
Das große Buch der Kinder-, Volks- und Chorlieder. (4261) Hrsg. von H. Rauhe, 176 S., 146 Farbzeichnungen, Pappband. **DM 25,–** /S 200.–

Die schönsten Wander- und Fahrtenlieder
(0462) Hrsg. von F. R. Miller, empfohlen vom Deutschen Sängerbund, 80 S., mit Noten und Zeichnungen, kart. **DM 5,80** /S 49.–

Die schönsten Volkslieder
(0432) Hrsg. von D. Walther, 128 S., mit Noten und Zeichnungen, kart. **DM 6,80** /S 55.–

Neue Spiele für Ihre Party
(2022) Von G. Blechner, 120 S., 54 Zeichnungen, kart. **DM 6,80** /S 79.–

Lustige Tanzspiele und Scherztänze
für Parties und Feste. (0165) Von E. Bäulke, 80 S., 53 Abb., kart. **DM 6,80** /S 59.–

Straßenfeste, Flohmärkte und Basare
Praktische Tips für Organisation und Durchführung. (0592) Von H. Schuster, 96 S., 52 Fotos, 17 Zeichnungen, kart. **DM 12,80** /S 99.–

Humor

Großes Wilhelm Busch Album
mit 1 700 farbigen Bildern. (4249) Von W. Busch, 400 S., 1700 Farbzeichnungen, Pappband. **DM 16,80** /S 139.–

Es ist ein Brauch von alters her. . .
Lebensweisheiten
(2214) Von W. Busch, 80 S., 38 Zeichnungen, Pappband **DM 9,80** /S 79,–

Heitere Vorträge und witzige Reden
Lachen, Witz und gute Laune (0149) Von E. Müller, 104 S., 44 Abb., kart. **DM 9,80** /S 79,–

Tolle Sketche
mit zündenden Pointen – zum Nachspielen. (0656) Von E. Cohrs, 112 S., kart. **DM 9,80** /S 79.–

Vergnügliche Sketche
(0476) Von H. Pillau, 96 S., mit 7 lustigen Zeichnungen, kart. **DM 6,80** /S 59.–

Heitere Vorträge
(0528) Von E. Müller, 128 S., 14 Zeichnungen, kart. **DM 9,80** /S 79.–

Die große Lachparade
Neue Texte für heitere Vorträge und Ansagen. (0188) Von E. Müller, 108 S., kart. **DM 6,80** /S 59.–

So feiert man Feste fröhlicher
Heitere Vorträge und Gedichte. (0098) Von Dr. Allos, 96 S., 15 Abb., kart. **DM 7,80** /S 69.–

Lustige Vorträge für fröhliche Feiern
(0284) Von Karl Lehnhoff, 96 S., kart. **DM 6,80** /S 59.–

Vergnügliches Vortragsbuch
(0091) Von J. Plaut, 192 S., kart. **DM 8,80** /S 74.–

Tolle Sachen zum Schmunzeln und Lachen
Lustige Ansagen und Vorträge. (0163) Von E. Müller, 92 S., kart. **DM 6,80** /S 59.–

Locker vom Hocker
Witzige Sketche zum Nachspielen. (4262) Von W. Giller, 144 S., 41 Zeichnungen, Pappband. **DM 19,80** /S 159.–

Fidele Sketche und heitere Vorträge
Humor zum Nachspielen. (0157) Von H. Ehnle. 96 S., kart. **DM 6,80** /S 59.–

Sketche und spielbare Witze
für bunte Abende und andere Feste. (0445) Von H. Friedrich, 120 S., 7 Zeichnungen, kart. **DM 6,80** /S 59.–

Sketche
Kurzspiele zu amüsanter Unterhaltung. (0247) Von M. Gering, 132 S., 16 Abb., kart., **DM 6,80**/59.–

Dalli-Dalli-Sketche
aus dem heiteren Ratespiel von und mit Hans Rosenthal. (0527) Von H. Pillau, 144 S., 18 Zeichnungen, kart. **DM 9,80** /S 79.–

Witzige Sketche zum Nachspielen
(0511) Von D. Hallervorden, 160 S., kart. **DM 14,80** /S 119.–

Gereimte Vorträge
für Bühne und Bütt. (0567) Von G. Wagner, 96 S., kart. **DM 7,80** /S 69.–

Damen in der Bütt
Scherze, Büttenreden, Sketche. (0354) Von T. Müller, 136 S., kart. **DM 8,80** /S 74.–

Narren in der Bütt
Leckerbissen aus dem rheinischen Karneval. (0216) Zusammengestellt von T. Lücker, 112 S., kart. **DM 8,80** /S 74.–

Rings um den Karneval
Karnevalsscherze und Büttenreden. (0130) Von Dr. Allos, 136 S., kart. **DM 9,80** /S 79.–

Helau und Alaaf 1
Närrisches aus der Bütt. (0304) Von E. Müller, 112 S., kart. **DM 6,80** /S 59.–

Helau und Alaaf 2
Neue Büttenreden. (0477) Von E. Luft, 104 S., kart. **DM 7,80** /S 69.–

Helau und Alaaf 3
Neue Reden für die Bütt. (0832) Von H. Fauser, 144 S., 13 Zeichnungen, kart. **DM 9,80** /S 79.–

Humor und Stimmung
Ein heiteres Vortragsbuch. (0460) Von G. Wagner, 112 S., kart. **DM 6,80** /S 59.–

Humor und gute Laune
Ein heiteres Vortragsbuch. (0635) Von G. Wagner, 112 S., 5 Zeichnungen, kart. **DM 8,80** /S 74.–

Das große Buch der Witze
(0384) Von E. Holz, 320 S., 36 Zeichnungen, Pappband. **DM 16,80** /S 139.–

Da lacht das Publikum
Neue lustige Vorträge für viele Gelegenheiten. (0716) Von H. Schmalenbach, 104 S., kart. **DM 9,80** /S 79,–

Witzig, witzig
(0507) Von E. Müller, 128 S., 16 Zeichnungen, kart. **DM 6,80** /S 59,–

Die besten Witze und Cartoons des Jahres 1
(0454) Hrsg. von K. Hartmann, 288 S., 125 Zeichnungen, geb. **DM 16,80** /S 139.–

Die besten Witze und Cartoons des Jahres 2
(0488) Hrsg. von K. Hartmann, 288 S., 148 Zeichnungen, geb. **DM 16,80/S 139.-**

Die besten Witze und Cartoons des Jahres 3
(0524) Hrsg. von K. Hartmann, 288 S., 105 Zeichnungen, Pappband. **DM 16,80/S 139.-**

Die besten Witze und Cartoons des Jahres 4
(0579) Hrsg. von K. Hartmann, 288 S., 140 Zeichnungen, Pappband. **DM 16,80/S 139.-**

Die besten Witze und Cartoons des Jahres 5
(0642) Hrsg. von K. Hartmann, 288 S., 88 Zeichnungen, Pappband. **DM 16,80/S 139.-**

Das Superbuch der Witze
(4146) Von B. Bornheim, 504 S., 54 Cartoons, Pappband. **DM 16,80/S 139.-**

Witze
Lachen am laufenden Band (4241) Von J. Burkert, D. Kroppach, 400 S., 41 Zeichnungen, Pappband. **DM 15,-/S 120,-**

Die besten Beamtenwitze
(0574) Hrsg. von W. Pröve, 112 S., 59 Cartoons, kart. **DM 5,80/S 49.-**

Die besten Kalauer
(0705) Von K. Frank, 112 S., 12 Zeichnungen, kart., **DM 5,80/S 49.-**

Robert Lembkes Witzauslese
(0325) Von Robert Lembke, 160 S., mit 10 Zeichnungen von E. Köhler, Pappband. **DM 14,80/S 119.-**

Fred Metzlers Witze mit Pfiff
(0368) Von F. Metzler, 120 S., kart. **DM 6,80/S 59.-**

O frivol ist mir am Abend
Pikante Witze von Fred Metzler. (0388) Von F. Metzler, 120 S., mit Karikaturen, kart. **DM 5,80/S 49.-**

Herrenwitze
(0589) Von G. Wilhelm, 112 S., 31 Zeichnungen, kart. **DM 5,80/S 49.-**

Witze am laufenden Band
(0461) Von F. Asmussen, 118 S., kart. **DM 6,80/S 59.-**

Horror zum Totlachen
Gruselwitze
(0536) Von F. Lautenschläger, 96 S., 44 Zeichnungen, kart. **DM 5,80/S 49.-**

Die besten Ostfriesenwitze
(0495) Hrsg. von O. Freese, 112 S., 17 Zeichnungen, kart. **DM 5,80/S 49.-**

Die Kleidermotte ernährt sich von nichts, sie frißt nur Löcher
Stilblüten, Sprüche und Widersprüche aus Schule, Zeitung, Rundfunk und Fernsehen. (0738) Von P. Haas, D. Kroppach, 112 S., zahlr. Abb., kart. **DM 6,80/S 59,-**

Olympische Witze
Sportlerwitze in Wort und Bild. (0505) Von W. Willnat, 112 S., 126 Zeichnungen, kart. **DM 5,80/S 49.-**

Ich lach mich kaputt! Die besten Kinderwitze
(0545) Von E. Hannemann, 128 S., 15 Zeichnungen, kart. **DM 5,80/S 49.-**

Lach mit!
Witze für Kinder, gesammelt von Kindern. (0468) Von W. Pröve, 128 S., 17 Zeichnungen, kart. **DM 6,80/S 59,-**

Die besten Kinderwitze
(0757) Von K. Rank, 120 S., 28 Zeichnungen, kart. **DM 6,80/S 59,-**

Lustige Sketche für Jungen und Mädchen
Kurze Theaterstücke für Jungen und Mädchen. (0669) Von U. Lietz und U. Lange, 104 S., kart. **DM 7,80/S 69.-**

Spielbare Witze für Kinder
(0824) Von H. Schmalenbach, 128 S., 30 Zeichnungen, kart. **DM 9,80/S 79.-**

Natur

Faszination Berg
zwischen Alpen und Himalaya. (4214) Von T. Hiebeler, 96 S., 100 Farbfotos, Pappband. **DM 24,80/S 198.-**

Hilfe für den Wald
Ursachen, Schadbilder, Hilfsprogramme. Was jeder wissen muß, um unser wichtigstes Öko-System zu retten. (4164) Von K. F. Wentzel, R. Zundel, 128 S., 178 Farb- und 6 s/w-Fotos, 60 Zeichnungen, kart. **DM 19,80/S 159,-**

Gefährdete und geschützte Pflanzen
erkennen und benennen. (0596) Von W. Schnedler und K. Wolfstetter. 160 S., 140 Farbfotos, 4 Zeichnungen, kart. **DM 19,80/S 159,-**

Beeren und Waldfrüchte
erkennen und benennen, eßbar oder giftig? (0401) Von J. Raithelhuber, 120 S., 90 Farbfotos, 40 Zeichnungen, kart. **DM 16,80/S 139.-**

Pilze
erkennen und benennen. (0380) Von J. Raithelhuber, 136 S., 110 Farbfotos, kart. **DM 14,80/S 119.-**

Falken-Handbuch Pilze
Mit über 250 Farbfotos und Rezepten. (4061) Von M. Knopp, 276 S., 250 Farbfotos, Pappband. **DM 39,-/S 319,-**

Das Gartenjahr
Arbeitsplan für den Hobbygärtner. (4073) Von G. Dambach, 152 S., 16 Farbtafeln, 141 Abb., kart. **DM 14,80/S 119.-**

Gartenteiche und Wasserspiele
planen, anlegen und pflegen. (4083) Von H. R. Sikora, 160 S., 31 Farb- und 31 s/w-Fotos, 73 Zeichnungen, Pappband. **DM 29,80/S 239.-**

Wasser im Garten
Von der Vogeltränke zum Naturteich – Natürliche Lebensräume selbst gestalten. (4230) Von H. Hendel, 240 S., 247 Farbfotos, 68 Farbzeichnungen, Pappband. **DM 59,-/S 479,-**

Gärtnern
(5004) Von I. Manz, 64 S., 38 Farbfotos, Pappband. **DM 14,80/S 119.-**

Gärtner Gustavs Gartenkalender
Arbeitspläne · Pflanzenporträts · Gartenlexikon. (4155) Von G. Schoser, 120 S., 146 Farbfotos, 13 Tabellen, 203 farbige Zeichnungen, Pappband. **DM 24,80/S 198.-**

Ziersträucher und -bäume im Garten
(5071) Von I. Manz, 64 S., 91 Farbfotos, Pappband. **DM 14,80/S 119.-**

Das Blumenjahr
Arbeitsplan für drinnen und draußen. (4142) Von G. Vocke, 136 S., 15 Farbtafeln, kart. **DM 14,80/S 119.-**

Der richtige Schnitt von Obst- und Ziergehölzen, Rosen und Hecken
(0619) Von E. Zettl, 88 S., 8 Farbtafeln, 39 Zeichnungen, 21 s/w-Fotos, kart. **DM 7,80/S 69.-**

Blumenpracht im Garten
(5014) Von I. Manz, 64 S., 93 Farbfotos, Pappband. **DM 14,80/S 119.-**

Vom betörenden Zauber der Rosen
(2206) Von H. Steinhauer, 80 S., 89 Farbfotos und Zeichnungen, Pappband. **DM 9,80/S 85,-**

Blütenpracht in Haus und Garten
(4145) Von M. Haberer, u. a., 352 S., 1012 Farbfotos, Pappband. **DM 39,-/S 319,-**

Das bunte Blütenparadies der Blumen
(2219) Von B. Zeidelhack, 80 S., 72 Farbabb., Pappband. **DM 9,80/S 85,-**

Sag's mit Blumen
Pflege und Arrangieren von Schnittblumen. (5103) Von P. Möhring, 64 S., 68 Farbfotos, 2 s/w-Abb., Pappband. **DM 14,80/S 119.-**

Grabgestaltung
Bepflanzung und Pflege zu jeder Jahreszeit. (5120) Von N. Uhl, 64 S., 77 Farbfotos, 2 Zeichnungen, Pappband. **DM 16,80/S 139.-**

Leben im Naturgarten
Der Biogärtner und seine gesunde Umwelt. (4124) Von N. Jorek, 128 S., 68 s/w-Fotos, kart. **DM 14,80/S 119.-**

So wird mein Garten zum Biogarten
Alles über die Umstellung auf naturgemäßen Anbau. (0706) Von I. Gabriel, 128 S., durchgehend 4farbig, 73 Farbfotos, 54 Farbzeichnungen, kart **DM 14,80/S 119.-**

Gesunde Pflanzen im Biogarten
Biologische Maßnahmen bei Schädlingsbefall und Pflanzenkrankheiten. (0707) Von I. Gabriel, 128 S., durchgehend 4farbig, 126 Farbfotos, 12 Farbzeichnungen, kart. **DM 14,80/S 119.-**

Der Biogarten unter Glas und Folie
Ganzjährig erfolgreich ernten. (0722) Von I. Gabriel, 128 S., durchgehend 4farbig, 62 Farbfotos, 45 Farbzeichnungen, kart. **DM 14,80/S 119.-**

Obst und Beeren im Biogarten
Gesunde und schmackhafte Früchte durch natürlichen Anbau. (0780) Von I. Gabriel, 128 S., 38 Farbfotos, 71 Farbzeichnungen, kart. **DM 14,80/S 119,-**

Neuanlage eines Biogartens
Planung, Bodenvorbeitung, Gestaltung. (0721) Von I. Gabriel, 128 S., durchgehend 4farbig, 73 Farbfotos, 39 Zeichnungen, kart. **DM 14,80/S 119.-**

Der biologische Zier- und Wohngarten
Planen, Vorbereiten, Bepflanzen und Pflegen. (0748) Von I. Gabriel, 128 S., 72 Farbfotos, 46 Farbzeichnungen, kart. **DM 14,80/S 119,-**

Das Bio-Gartenjahr
Arbeitsplan für naturgemäßes Gärtnern. (4169) Von N. Jorek, 128 S., 8 Farbtafeln, 70 s/w-Abb. kart. **DM 14,80/S 119,-**

Selbstversorgung aus dem eigenen Anbau
Reichen Erntesegen verwerten und haltbar machen. (4182) Von M. Bustorf-Hirsch, M. Hirsch, 216 S., 270 Zeichnungen, Pappband. **DM 29,80/S 239,-**

Mischkultur im Nutzgarten
Mit Jahreskalender und Anbauplänen. (0651) Von H. Oppel, 112 S., 8 Farbtafeln, 23 s/w-Fotos, 29 Zeichnungen, kart. **DM 9,80/S 79,-**

Die Preise entsprechen dem Status beim Druck dies

Erfolgstips für den Gemüsegarten
Mit naturgemäßem Anbau zu höherem Ertrag. (0674) Von F. Mühl, 80 S., 30 s/w-Fotos, 4 Zeichnungen, kart. **DM 7,80**/ S 69.–

Erfolgstips für den Obstgarten
Gesunde Früchte durch richtige Sortenwahl und Pflege. (0827) Von F. Mühl, 184 S., 16 Farbtafeln, 33 Zeichnungen, kart. **DM 14,80**/S 119.–

Der erfolgreiche Obstgarten
Pflanzung · Veredelung und Schnitt. (5100) Von J. Zech, 64 S., 54 Farbfotos, Pappband. **DM 14,80**/S 119.–

Gemüse, Kräuter, Obst aus dem Balkongarten
– Erfolgreich ernten auf kleinstem Raum. (0694) Von S. Stein, 32 S., 34 Farbfotos, 6 Zeichnungen, Spiralbindung, kart.**DM 7,80**/S 69.–

Keime, Sprossen, Küchenkräuter
am Fenster ziehen – rund ums Jahr. (0658) Von F. und H. Jantzen, 32 S., 55 Farbfotos, Pappband. **DM 6,80**/S 59.–

Balkons in Blütenpracht
zu allen Jahreszeiten. (5047) Von N. Uhl, 64 S., 80 Farbfotos, Pappband. **DM 14,80**/S 119.–

Kübelpflanzen
für Balkon, Terrasse und Dachgarten. (5132) Von M. Haberer, 64 S., 70 Farbfotos, Pappband. **DM 14,80**/S 119.–

Kletterpflanzen
Rankende Begrünung für Fassade, Balkon und Garten. (5140) Von M. Haberer, 64 S., 70 Farbabb., 2 Zeichnungen, Pappband. **DM 14,80**/S 119.–

Mein Kräutergarten rund ums Jahr
Täglich schnittfrisch und gesund würzen. (4192) Von Prof. Dr. G. Lysek, 136 S., 15 Farbtafeln, 91 Zeichnungen, kart. **DM 16,80**/S 139.–

Blühende Zimmerpflanzen
94 Arten mit Pflegeanleitungen. (5010) Von R. Blaich, 64 S., 107 Farbfotos, Pappband. **DM 14,80**/S 119.–

Falken-Handbuch Zimmerpflanzen
1600 Pflanzenporträts. (4082) Von R. Blaich, 432 S., 480 Farbfotos, 84 Zeichnungen, 1600 Pflanzenbeschreibungen, Pappband. **DM 39,–**/S 319.–

Blütenpracht in Grolit 2000
Der neue, mühelose Weg zu farbenprächtigen Zimmerpflanzen. (5127) Von G. Vocke, 64 S., 50 Farbfotos, Pappband. **DM 14,80**/S 119.–

Ziergräser
Über 100 Arten erfolgreich kultivieren. (0829) Von H. Jantra, 104 S., 73 Farbfotos, 6 Farbzeichnungen, kart. **DM 16,80**/S 139.–

Bonsai
Japanische Miniaturbäume und Miniaturlandschaften. Anzucht, Gestaltung und Pflege. (4091) Von B. Lesniewicz, 160 S., 106 Farbfotos, 46 s/w-Fotos, 115 Zeichnungen, gebunden. **DM 68,–**/S 549.–

Zimmerbäume, Palmen und andere Blattpflanzen
Standort, Pflege, Vermehrung, Schädlinge. (5111) Von G. Schoser, 96 S., 98 Farbfotos, 7 Zeichnungen, Pappband. **DM 19,80**/S 159.–

Biologisch zimmergärtnern
Zier- und Nutzpflanzen natürlich pflegen. (4144) Von N. Jorek, 152 S., 15 Farbtafeln, 120 s/w-Fotos, Pappband. **DM 19,80**/S 159.–

Hydrokultur
Pflanzen ohne Erde – mühelos gepflegt. (4080) Von H.-A. Rotter, 120 S., 82 Abb., Pappband. **DM 19,80**/S 159.–

Zimmerpflanzen in Hydrokultur
Leitfaden für problemlose Blumenpflege. (0660) Von H.-A. Rotter, 32 S., 76 Farbfotos, 8 farbige Zeichnungen, Pappband. **DM 7,80**/S 69.–

Sukkulenten
Mittagsblumen, Lebende Steine, Wolfsmilchgewächse u. a. (5070) Von W. Hoffmann, 64 S., 82 Farbfotos, Pappband. **DM 14,80**/S 119.–

Kakteen und andere Sukkulenten
300 Arten mit über 500 Farbfotos. (4116) Von G. Andersohn, 316 S., 520 Farbfotos, 193 Zeichnungen, Pappband. **DM 49,–**/S 398.–

Fibel für Kakteenfreunde
(0199) Von H. Herold, 102 S., 23 Farbfotos, 37 s/w-Abb., kart. **DM 7,80**/S 69.–

Kakteen
Herkunft, Anzucht, Pflege, Arten. (5021) Von W. Hoffmann, 64 S., 70 Farbfotos, Pappband. **DM 14,80**/S 119.–

Faszinierende Formen und Farben
Kakteen
(4211) Von K. und F. Schild, 96 S., 127 Farbfotos, Pappband. **DM 24,80**/S 198.–

Orchideen
(4215) Von G. Schoser, 96 S., 143 Farbfotos, Pappband. **DM 24,80**/S 198.–

Falken-Handbuch Orchideen
Lebensraum, Kultur, Anzucht und Pflege. (4231) Von G. Schoser, 144 S., 121 Farbfotos, 28 Farbzeichnungen, Pappband. **DM 29,80**/S 239.–

Falken-Handbuch Katzen
(4158) Von B. Gerber, 176 S., 294 Farbund 88 s/w-Fotos, Pappband. **DM 39,–**/S 319.–

Katzen
Rassen · Haltung · Pflege. (4216) Von B. Eilert-Overbeck, 96 S., 82 Farbfotos, Pappband. **DM 24,80**/S 198.–

Das neue Katzenbuch
Rassen – Aufzucht – Pflege. (0427) Von B. Eilert-Overbeck, 136 S., 14 Farbfotos, 26 s/w-Fotos, kart. **DM 8,80**/S 74.–

Lieblinge auf Samtpfötchen Katzen
(2202) Von B. Eilert-Overbeck, 80 S., 53 Farbfotos, 5 s/w-Fotos, 1 Zeichnung, Pappband. **DM 9,80**/S 85.–

Katzenkrankheiten
Erkennung und Behandlung. Steuerung des Sexualverhaltens. (0652) Von Dr. med. vet. R. Spangenberg, 176 S., 64 s/w-Fotos, 4 Zeichnungen, kart. **DM 9,80**/S 79.–

Falken-Handbuch Hunde
(4118) Von H. Bielfeld, 176 S., 222 Farbfotos und Farbzeichnungen, 73 s/w-Abb., Pappband. **DM 39,–**/S 319.–

Hunde
Die treuen Freunde des Menschen (2207) Von R. Spangenberg, 80 S., 49 Farbfotos und Zeichnungen, Pappband. **DM 9,80**/S 85.–

Hunde
Rassen · Erziehung · Haltung. (4209) Von H. Bielfeld, 96 S., 101 Farbfotos, Pappband. **DM 24,80**/S 198.–

Das neue Hundebuch
Rassen · Aufzucht · Pflege. (0009) Von W. Busack, überarbeitet von Dr. med. vet. A. H. Hacker und H. Bielfeld, 112 S., 8 Farbtafeln, 27 s/w-Fotos, 6 Zeichnungen, kart. **DM 8,80**/S 74.–

Falken-Handbuch Der Deutsche Schäferhund
(4077) Von U. Förster, 228 S., 160 Abb., Pappband. **DM 29,80**/S 239.–

Der Deutsche Schäferhund
Aufzucht, Pflege und Ausbildung. (0073) Von A. Hacker, 104 S., 56 Abb., kart. **DM 7,80**/S 69.–

Dackel, Teckel, Dachshund
Aufzucht · Pflege · Ausbildung. (0508) Von M. Wein-Gysae, 112 S., 4 Farbtafeln, 43 s/w-Fotos, 2 Zeichnungen, kart. **DM 9,80**/S 79.–

Hundeausbildung
Verhalten – Gehorsam – Abrichtung. (0346) Von Prof. Dr. R. Menzel, 96 S., 18 Fotos, kart. **DM 7,80**/S 69.–

Grundausbildung für Gebrauchshunde
Schäferhund, Boxer, Rottweiler, Dobermann, Riesenschnauzer, Airedaleterrier, Hovawart und Bouvier. (0801) Von M. Schmidt und W. Koch, 104 S., 8 Farbtafeln, 51 s/w-Fotos, 5 s/w-Zeichnungen, kart. **DM 9,80**/S 79.–

Hundekrankheiten
Erkennung und Behandlung, Steuerung des Sexualverhaltens. (0570) Von Dr. med. vet. R. Spangenberg, 128 S., 68 s/w-Fotos, 10 Zeichnungen, kart. **DM 9,80**/S 79.–

Falken-Handbuch Pferde
(4186) Von H. Werner, 176 S., 196 Farbund 50 s/w-Fotos, 100 Zeichnungen, Pappband. **DM 48,–**/S 389.–

Ponys
Rassen, Haltung, Reiten. (4205) Von S. Braun, 96 S., 84 Farbfotos, Pappband. **DM 24,80**/S 198.–

Schmetterlinge
Tagfalter Miteleuropas erkennen und benennen. (0510) Von T. Herkstuhl, 156 S., 136 Farbfotos, kart. **DM 16,80**/S 139.–

Wellensittiche
Arten · Haltung · Pflege · Sprechunterricht · Zucht. (5136) Von H. Bielfeld, 64 S., 59 Farbfotos, Pappband. **DM 14,80**/S 119.–

Papageien und Sittiche
Arten · Pflege · Sprechunterricht. (0591) Von H. Bielfeld, 112 S., 8 Farbtafeln, kart. **DM 9,80**/S 79.–

Geflügelhaltung als Hobby
(0749) Von M. Baumeister, H. Meyer, 184 S., 8 Farbtafeln, 47 s/w-Fotos, 15 Zeichnungen, kart. **DM 16,80**/S 139.–

Falken-Handbuch Das Terrarium
(4069) Von B. Kahl, P. Gaupp, Dr. G. Schmidt, 336 S., 215 Farbfotos, geb. **DM 58,–**/S 460.–

DIE TIERSPRECHSTUNDE
Alles über Igel in Natur und Garten
(0810) Von Dr. med. vet. E. M. Bartenschlager, 68 S., 51 Farbfotos, kart. **DM 9,80**/S 79.–

DIE TIERSPRECHSTUNDE
Alles über Meerschweinchen
(0809) Von Dr. med. vet. E. M. Bartenschlager, 72 S., 43 Farbfotos, 11 Farbzeichnungen, kart. **DM 9,80**/S 79.–

Das Süßwasser-Aquarium
Einrichtung · Pflege · Fische · Pflanzen. (0153) Von H. J. Mayland, 152 S., 16 Farbtafeln, 43 s/w-Zeichnungen, kart. **DM 12,80**/S 99.–

FALKEN VERLAG

Falken-Handbuch
Süßwasser-Aquarium
(4191) Von H. J. Mayland, 288 S.,
564 Farbfotos, 75 Zeichnungen,
Pappband. **DM 49,–/S 398,–**
Cichliden
Pflege, Herkunft und Nachzucht der
wichtigsten Buntbarscharten. (5144) Von
Jo in't Veen, 96 S., 163 Farbfotos,
Pappband. **DM 19,80/S 159,–**

Gesundheit

Die Frau als Hausärztin
Der unentgeltliche Ratgeber für die
Gesundheit. (4072) Von Dr. med.
A. Fischer-Dückelmann, 808 S., 14 Farb-
tafeln, 146 s/w-Fotos, 203 Zeichnungen,
Pappband. **DM 29,80/S 239,–**
**Heiltees und Kräuter für die
Gesundheit**
(4123) Von G. Leibold, 136 S., 15 Farb-
tafeln, 16 Zeichnungen, kart.
DM 14,80/S 119,–
Falken-Handbuch
Heilkräuter
Modernes Lexikon der Pflanzen und
Anwendungen (4076) Von G. Leibold,
392 S., 183 Farbfotos, 22 Zeichnungen,
geb. **DM 39,–/S 319,–**
Die farbige Kräuterfibel
Heil- und Gewürzpflanzen. (0245) Von
I. Gabriel, 196 S., 49 farbige und
97 s/w-Abb., kart. **DM 14,80/ S 119,–**
Arzneikräuter und Wildgemüse
erkennen und benennen. (0459) Von
J. Raithelhuber, 144 S., 108 Farbfotos,
31 Zeichnungen, kart. **DM 16,80/S 139,–**
Falken-Handbuch
Bio-Medizin
Alles über die moderne Naturheilpraxis.
(4136) Von G. Leibold, 552 S., 38 Farb-
fotos, 214 s/w-Abb., Pappband.
DM 39,–/ S 319,–
Enzyme
(0677) Von G. Leibold, 96 S., kart.
DM 9,80/S 79,–
Heilfasten
(0713) Von G. Leibold, 108 S., kart.
DM 9,80/S 79,–
**So lebt man länger nach Dr. Le
Comptes Erfolgsmethode!**
Vital und gesund bis ins hohe Alter.
(4129) Von Dr. H. Le Compte,
P. Pervenche, 224 S., gebunden.
DM 24,80/S 198,–
**Gesundheit und Spannkraft durch
Yoga**
(0321) Von L. Frank und U. Ebbers,
112 S., 50 s/w-Fotos, kart.
DM 7,80/S 69,–
Yoga für jeden
(0341) Von K. Zebroff, 156 S., 135 Abb.,
Spiralbindung. **DM 20,–/S 160,–**
Yoga für Schwangere
Der Weg zur sanften Geburt. (0777) Von
V. Bolesta-Hahn, 108 S., 76 2-farbige
Abb. **DM 12,80/S 99,–**
**Yoga gegen Haltungsschäden und
Rückenschmerzen**
(0394) Von A. Raab, 104 S., 215 Abb.,
kart. **DM 6,80/S 59,–**
Hypnose und Autosuggestion
Methoden – Heilwirkungen – praktische
Beispiele. (0483) Von G. Leibold, 116 S.,
kart. **DM 7,80/S 69,–**

Autogenes Training
Anwendung · Heilwirkungen · Methoden.
(0541) Von R. Faller, 128 S., 3 Zeich-
nungen, kart. **DM 9,80/S 79,–**
**Die fernöstliche Fingerdrucktherapie
Shiatsu**
Anleitungen zur Selbsthilfe – Heilwirkun-
gen. (0615) Von G. Leibold, 196 S.,
180 Abb., kart. **DM 16,80/S 139,–**
Eigenbehandlung durch Akupressur
Heilwirkungen – Energielehre – Meri-
diane. (0417) Von G. Leibold, 152 S.,
78 Abb., kart. **DM 9,80/S 79,–**
Chinesische Naturheilverfahren
Selbstbehandlung mit bewährten
Methoden der physikalischen Therapie.
Atemtherapie · Heilgymnastik · Selbst-
massage · Vorbeugen · Behandeln · Ent-
spannen. (4247) Von F. Tjoung Lie,
160 S., 292 zweifarbige Zeichnungen,
Pappband. **DM 29,80/S 239,–**
Bauch, Taille und Hüfte gezielt formen
durch **Aktiv Yoga**
(0709) Von K. Zebroff, 112 S., 102 Farbfotos, Spiralbindung, **DM 14,80/S 119,–**
10 Minuten täglich Tele-Gymnastik
(5102) Von B. Manz und K. Biermann,
128 S., 381 Abb., kart.
DM 14,80/S 119,–
Gesund und fit durch Gymnastik
(0366) Von H. Pilss-Samek, 132 S.,
150 Abb., kart. **DM 9,80/S 79,–**
Stretching
Mit Dehnungsgymnastik zu Ent-
spannung, Geschmeidigkeit und Wohl-
befinden. (0717) Von H. Schulz, 80 S.,
90 s/w-Fotos, kart. **DM 7,90/S 69,–**
Gesund und leistungsfähig durch
**Konditionsübungen, Fitneßtraining,
Wirbelsäulengymnastik**
(0844) Von R. Milser, K. Urafe, 104 S.,
99 Farbfotos, 12 Farbzeichnungen, 5 s/w-
Zeichnungen, kart. **DM 16,80/S 139,–**
Schönheitspflege
Kosmetische Tips für jeden Tag. (0493)
Von H. Zander, 80 S., 25 Abb., kart.
DM 7,80/S 69,–
Natur-Apotheke
Gesundheit durch altbewährte Kräuter-
rezepte und Hausmittel.
(4156) Von G. Leibold, 236 S., 8 Farb-
tafeln, 100 Zeichnungen, kart.,
DM 19,80/S 159,–
(4157) Pappband, **DM 29,80/S 239,–**
**Diät bei Krankheiten des Magens und
Zwölffingerdarms**
Rezeptteil von B. Zöllner. (3201) Von
Prof. Dr. med. H. Kaess, 96 S., 4 Farb-
tafeln, kart. **DM 10,80/S 85,–**
**Diät bei Herzkrankheiten und
Bluthochdruck**
Salzarme (natriumarme) Kost. Rezeptteil
von B. Zöllner. (3202) Von Prof. Dr. med.
H. Rottka, 92 S., 4 Farbtafeln, kart.
DM 10,80/S 85,–
**Diät bei Erkrankungen der Niere und
Harnwege, bei Nierensteinen und bei
Dialysebehandlung**
Rezeptteil von B. Zöllner. (3203) Von
Prof. Dr. med. H. J. Sarre und Prof. Dr.
med. R. Kluthe, 100 S., 4 Farbtafeln,
kart. **DM 10,80/S 85,–**
Richtige Ernährung im Alter
Rezeptteil von B. Zöllner. (3204) Von
Priv.-Doz. Dr. med. H.-J. Pusch und Dr.
med. W. Koch, 88 S., 4 Farbtafeln, kart.
DM 10,80/S 85,–

Diät bei Gicht und Harnsäuresteinen
Rezeptteil von B. Zöllner. (3205) Von
Prof. Dr. med. N. Zöllner, 80 S., 4 Farb-
tafeln, kart. **DM 10,80/S 85,–**
Diät bei Zuckerkrankheit
Rezeptteil von B. Zöllner. (3206) Von
Prof. Dr. med. P. Dieterle, 80 S., 4 Farb-
tafeln, kart. **DM 10,80/S 85,–**
**Diät bei Krankheiten der Gallenblase,
Leber und Bauchspeicheldrüse**
Rezeptteil von B. Zöllner. (3207) Von
Prof. Dr. med. H. Kasper, 88 S., 4 Farb-
tafeln, kart. **DM 10,80/S 85,–**
**Diät bei Störungen des Fettstoff-
wechsels und zur Vorbeugung der
Arteriosklerose**
Rezeptteil von B. Zöllner. (3208) Von
Prof. Dr. med. G. Wolfram und Dr. med.
O. Adam, 104 S., 4 Farbtafeln, kart.
DM 10,80/S 85,–
Diät bei Übergewicht
Rezeptteil von B. Zöllner. (3209) Von
Priv.-Doz. Dr. med. Ch. Keller, 96 S.,
4 Farbtafeln, kart. **DM 10,80/S 85,–**
Diät bei Darmkrankheiten
Durchfall – Divertikulose, Reizdarm und
Darmträgheit – einheimischer Sprue
(Zöliakie) – Disaccharidasemangel –
Dünndarmresektion – Dumping
Syndrom. Rezeptteil von B. Zöllner
(3211) Von Prof. Dr. med. G. Strohmeyer,
88 S., 4 Farbtafeln, kart.
DM 10,80/S 85,–
**Ballaststoffreiche Kost bei Funktions-
störungen des Darms**
Rezeptteil von B. Zöllner. (3212) Von
Prof. Dr. med. H. Kasper, 80 S., 4 Farb-
tafeln, kart. **DM 10,80/S 85,–**
Bildatlas des menschlichen Körpers
(4177) Von G. Pogliani, V. Vannini, 112 S.,
402 Farbabb., 28 s/w-Fotos, Pappband,
DM 29,80/S 239,–
Fußmassage
Reflexzonentherapie am Fuß (0714) Von
G. Leibold, 96 S., 38 Zeichnungen, kart.
DM 9,80/S 79,–
Rheuma und Gicht
Krankheitsbilder, Behandlung, Therapie-
verfahren, Selbstbehandlung, richtige
Lebensführung und Ernährung. (0712)
Von Dr. J. Höder, J. Bandick, 104 S., kart.
DM 9,80/S 79,–
Krampfadern
Ursachen, Vorbeugung, Selbstbehand-
lung, Therapieverfahren. (0727) Von
Dr. med. K. Steffens, 96 S., 38 Abb.,
kart. **DM 9,80/S 79,–**
Gallenleiden
Krankheitsbilder, Behandlung, Therapie-
verfahren, Richtige
Lebensführung und Ernährung. (0673)
Von Dr. med. K. Steffens, 104 S.,
34 Zeichnungen, kart. **DM 9,80/S 79,–**
Asthma
Pseudokrupp, Bronchitis und Lungen-
emphysem. (0778) Von Prof. Dr. med.
W. Schmidt, 120 S., 56 Zeichnungen,
kart. **DM 9,80/S 79,–**
Vitamine und Ballaststoffe
So ermittle ich meinen täglichen Bedarf
(0746) Von Prof. Dr. med. M. Wagner,
I. Bongartz, 96 S., 6 Farbabb., zahlreiche
Tabellen, kart. **DM 9,80/S 79,–**
Darmleiden
Krankheitsbilder, Behandlung, Selbst-
behandlung, Richtige Lebensführung und
Ernährung. (0798) Von Dr. med. K. Stef-
fens, 112 S., 46 Zeichnungen, kart.
DM 9,80/S 79,–

Massage
(0750) Von B. Rumpler, K. Schutt, 112 S.,
116 2-farbige Zeichnungen, kart.
DM 12,80/S 99,–

Ratgeber Aids
Entstehung, Ansteckung, Krankheitsbilder,
Heilungschancen, Schutzmaßnahmen.
(0803) Von B. Baartman, Vorwort von
Dr. med. H. Jäger, 112 S., 8 Farbtafeln,
4 Grafiken, kart. **DM 16,80/S 139,–**

Wenn Kinder krank werden
Medizinischer Ratgeber für Eltern.
(4240) Von Dr. med. I. J. Chasnoff,
B. Nees-Delaval, 232 S., 163 Zeichnungen, Pappband. **DM 29,80/S 239,–**

Ratgeber
Lebenshilfe

Umgangsformen heute
Die Empfehlungen des Fachausschusses
für Umgangsformen. (4015) 282 S.,
160 s/w-Fotos, 25 Zeichnungen,
Pappband. **DM 29,80/S 239,–**

Der gute Ton
Ein moderner Knigge. (0063) Von
I. Wolter, 168 S., 38 Zeichnungen,
53 s/w-Fotos, kart. **DM 9,80/S 79,–**

Haushaltstips von A bis Z
(0759) Von A. Eder, 80 S., 30 Zeichnungen, kart. **DM 7,80/S 69,–**

Wir heiraten
Ratgeber zur Vorbereitung und Fest-
gestaltung der Verlobung und Hochzeit.
(4188) Von C. Poensgen, 210 S., 8 s/w-
Fotos, 30 s/w-Zeichnungen, 8 Farbtafeln,
Pappband. **DM 19,80/S 159,–**

Kleines Dankeschön für die charmante
Gastgeberin
(2218) Von S. Gräfin Schönfeldt, 80 S.,
46 Farbabb., Pappband. **DM 9,80/S 85,–**

Familienforschung · Ahnentafel ·
Wappenkunde
Wege zur eigenen Familienchronik.
(0744) Von P. Bahn, 128 S., 8 Farbtafeln,
30 Abbildungen, kart. **DM 14,80/S 119,–**

Die Kunst der freien Rede
Ein Intensivkurs mit vielen Übungen,
Beispielen und Lösungen. (4189) Von
G. Hirsch, 232 S., 11 Zeichnungen,
Pappband. **DM 29,80/S 239,–**

Reden zur Taufe, Kommunion
und Konfirmation
(0751) Von G. Georg, 96 S., kart.
DM 6,80/S 59,–

Der richtige Brief zu jedem Anlaß
Das moderne Handbuch mit 400 Muster-
briefen. (4179) Von H. Kirst, 376 S.,
Pappband. **DM 26,80/S 218,–**

Von der Verlobung zur
Goldenen Hochzeit
(0393) Von E. Ruge, 120 S., kart.
DM 6,80/S 59,–

Reden zur Hochzeit
Musteransprachen für Hochzeitstage.
(0654) Von G. Georg, 112 S., kart.
DM 6,80/S 59,–

Glückwünsche, Toasts und Festreden
zur Hochzeit.
(0264) Von I. Wolter, 128 S., 18 Zeichnungen, kart. **DM 7,80/S 69,–**

Hochzeits- und Bierzeitungen
Muster, Tips und Anregungen. (0288)
Von H.-J. Winkler, mit vielen Text- und
Gestaltungsanregungen, 116 S., 15 Abb.,
1 Musterzeitung, kart. **DM 6,80/S 59,–**

Kindergedichte zur Grünen, Silbernen
und Goldenen Hochzeit
(0318) Von H.-J. Winkler, 104 S.,
20 Abb., kart. **DM 5,80/S 49,–**

Die Silberhochzeit
Vorbereitung · Einladung · Geschenkvor-
schläge · Dekoration · Festablauf · Menüs
· Reden · Glückwünsche. (0542) Von K. F.
Merkle, 120 S., 41 Zeichnungen, kart.
DM 9,80/S 79,–

Großes Buch der Glückwünsche
(0255) Hrsg. von O. Fuhrmann, 240 S.,
77 Zeichnungen und viele Gestaltungs-
vorschläge, kart. **DM 9,80/S 79,–**

Neue Glückwunschfibel
für Groß und Klein. (0156) Von
R. Christian-Hildebrandt, 96 S., kart.
DM 4,80/S 39,–

Glückwunschverse für Kinder
(0277) Von B. Ulrici, 80 S., kart.
DM 5,80/S 49,–

Die Redekunst
Rhetorik · Rednererfolg (0076) Von
K. Wolter, überarbeitet von Dr. W. Tappe,
80 S., kart. **DM 5,80/S 49,–**

Reden und Ansprachen
für jeden Anlaß. (4009) Hrsg. von F. Sicker,
454 S., gebunden. **DM 39,–/S 319,–**

Reden zum Jubiläum
Musteransprachen für viele Gelegen-
heiten (0595) Von G. Georg, 112 S., kart.
DM 6,80/S 59,–

Reden zum Ruhestand
Musteransprachen zum Abschluß des
Berufslebens (0790) Von G. Georg,
104 S., kart. **DM 7,80/S 69,–**

Reden und Sprüche zu Grundstein-
legung, Richtfest und Einzug
(0698) Von A. Bruder, G. Georg, 96 S.,
kart. **DM 6,80/S 59,–**

Reden zu Familienfesten
Musteransprachen für viele Gelegenheiten. (0675) Von G. Georg, 108 S.,
kart. **DM 6,80/S 59,–**

Reden zum Geburtstag
Musteransprachen für familiäre und offizielle Anlässe. (0773) Von G. Georg,
104 S., kart. **DM 7,80/S 69,–**

Festreden und Vereinsreden
Ansprachen für festliche Gelegenheiten.
(0069) Von K. Lehnhoff, E. Ruge, 88 S.,
kart. **DM 5,80/S 49,–**

Reden im Verein
Musteransprachen für viele Gelegenheiten. (0703) Von G. Georg, 112 S.,
kart., **DM 6,80/S 59,–**

Trinksprüche
Fest- und Damenreden in Reimen. (0791)
Von L. Metzner, 88 S., 14 s/w-Zeichnun-
gen, kart. **DM 7,80/S 69,–**

Trinksprüche, Richtsprüche,
Gästebuchverse
(0224) Von D. Kellermann, 80 S., kart.
DM 5,80/S 49,–

Ins Gästebuch geschrieben
(0576) Von K. H. Trabeck, 96 S.,
24 Zeichnungen, kart. **DM 7,80/S 69,–**

Poesiealbumverse
Heiteres und Besinnliches. (0578) Von
A. Göttling, 112 S., 20 Zeichnungen,
Pappband. **DM 14,80/S 119,–**

Verse fürs Poesiealbum
(0241) Von I. Wolter, 96 S., 20 Abb., kart.
DM 5,80/S 49,–

Rosen, Tulpen, Nelken . . .
Beliebte Verse fürs Poesiealbum
(0431) Von W. Pröve, 96 S., 11 Faksimile-
Abb., kart. **DM 5,80/S 49,–**

Der Verseschmied
Kleiner Leitfaden für Hobbydichter. Mit
Reimlexikon. (0597) Von T. Parisius,
96 S., 28 Zeichnungen, kart.
DM 7,80/S 69,–

Was wäre das Leben ohne Hoffnung
Trostreiche Worte
(2224) Hrsg. E. Heinold, 80 S., 23 Farbfotos, Pappband. **DM 9,80/S 85,–**

Moderne Korrespondenz
Handbuch für erfolgreiche Briefe.
(4014) Von H. Kirst und W. Manekeller,
544 S., gebunden. **DM 39,–/S 319,–**

Der neue Briefsteller
Musterbriefe für alle Gelegenheiten.
(0060) Von I. Wolter-Rosendorf, 112 S.,
kart. **DM 5,80/S 49,–**

Geschäftliche Briefe
des Privatmanns, Handwerkers, Kauf-
manns. (0041) Von A. Römer, 120 S.,
kart. **DM 6,80/S 59,–**

Behördenkorrespondenz
Musterbriefe – Anträge – Einsprüche.
(0412) Von E. Ruge, 120 S., kart.
DM 7,80/S 69,–

Musterbriefe
für alle Gelegenheiten. (0231) Hrsg. von
O. Fuhrmann, 240 S., kart.
DM 9,80/S 79,–

Privatbriefe
Muster für alle Gelegenheiten. (0114) Von
I. Wolter-Rosendorf, 132 S., kart.
DM 6,80/S 59,–

Briefe zu Geburt und Taufe
Glückwünsche und Danksagungen.
(0802) Von H. Beitz, 96 S., 12 Zeichnungen, kart. **DM 9,80/S 79,–**

Erfolgstips für den Schriftverkehr
Briefwechsel leicht gemacht durch ein-
fachen Stil und klaren Ausdruck (0678)
Von J. Werhellin, 120 S., kart.
DM 8,80/S 74,–

Worte und Briefe der Anteilnahme
(0464) Von E. Ruge, 128 S., mit vielen
Abb., kart. **DM 9,80/S 79,–**

Reden in Trauerfällen
Musteransprachen für Beerdigungen und
Trauerfeiern (0736) Von G. Georg,
104 S., kart. **DM 6,80/S 59,–**

Lebenslauf und Bewerbung
Beispiele für Inhalt, Form und Aufbau.
(0428) Von H. Friedrich, 112 S., kart.
DM 6,80/S 59,–

Erfolgreiche Bewerbungsbriefe und
Bewerbungsformen.
(0138) Von W. Manekeller, 88 S., kart.
DM 5,80/S 49,–

Die erfolgreiche Bewerbung
Bewerbung und Vorstellung. (0173) Von
W. Manekeller, 156 S., kart.
DM 9,80/S 79,–

Die Bewerbung
Der moderne Ratgeber für Bewerbungsbriefe, Lebenslauf und Vorstellungsgespräche. (4138) Von W. Manekeller,
264 S., Pappband. **DM 19,80/S 159,–**

Vorstellungsgespräche
sicher und erfolgreich führen. (0636) Von
H. Friedrich, 144 S., kart.
DM 9,80/S 79,–

Keine Angst vor Einstellungstests
Ein Ratgeber für Bewerber. (0793) Von
Ch. Titze, 120 S., 67 Zeichnungen, kart.
DM 9,80/S 79.–

Zeugnisse im Beruf
richtig schreiben, richtig verstehen.
(0544) Von H. Friedrich, 112 S., kart.
DM 9,80/S 79.–

In Anerkennung Ihrer . . . ,
**Lob und Würdigung in Briefen
und Reden.**
(0535) Von H. Friedrich, 136 S., kart.
DM 9,80/S 79.–

Erfolgreiche Kaufmannspraxis
Wirtschaftliche Grundlagen, Geld, Kredit-
wesen, Steuern, Betriebsführung, Recht,
EDV. (4046) Von W. Göhler, H. Gölz,
M. Heibel, Dr. D. Machenheimer, 544 S.,
gebunden. **DM 39,**–/S 319.–

Der Rechtsberater im Haus
(4048) Von K.-H. Hofmeister, 528 S., gebunden. **DM 39,**–/S 319.–

Arbeitsrecht
Praktischer Ratgeber für Arbeitnehmer
und Arbeitgeber, (0594) Von J. Beuthner,
192 S., kart. **DM 16,80**/S 139.–

Mietrecht
Leitfaden für Mieter und Vermieter.
(0479) Von J. Beuthner, 196 S., kart.
DM 14,80/S 119.–

Familienrecht
Ehe – Scheidung – Unterhalt. (4190) Von
T. Drewes, R. Hollender, 368 S., Papp-
band. **DM 29,80**/S 239,–

**Erziehungsgeld, Mutterschutz,
Erziehungsurlaub**
Alles über das neue Recht für Eltern. Mit
den Gesetzestexten. (0835) Von J. Grö-
nert, 144 S., kart. **DM 12,80**/S 99.–

Scheidung und Unterhalt
nach dem neuen Recht. (0403) Von
Rechtsanwalt H. T. Drewes, 112 S., mit
Kosten- und Unterhaltstabellen, kart.
DM 7,80/S 69.–

Testament und Erbschaft
Erbfolge, Rechte und Pflichten der Erben,
Erbschafts- und Schenkungssteuer,
Mustertestamente. (4139) Von T. Drewes,
R. Hollender, 304 S., Pappband
DM 26,80/S 218.–

Erbrecht und Testament
Mit Erläuterungen des Erbschaftssteuer-
gesetzes von 1974. (0046) Von Dr. jur.
H. Wandrey, 124 S., kart. **DM 6,80**/S 59.–

Endlich 18 und nun?
Rechte und Pflichten mit der Volljährig-
keit. (0646) Von R. Rathgeber, 224 S.,
27 Zeichnungen, kart. **DM 14,80**/S 119.–

Was heißt hier minderjährig?
(0765) Von R. Rathgeber, C. Rummel,
148 S., 50 Fotos, 25 Zeichnungen, kart.
DM 14,80/S 119,–

**Erfolgreiche Bewerbung um einen
Ausbildungsplatz**
(0715) Von H. Friedrich, 136 S., kart.
DM 9,80/S 79.–

Elternsache Grundschule
(0692) Hrsg. von K. Meynersen, 324 S.,
kart. **DM 26,80**/S 218.–

Sexualberatung
(0402) Von Dr. M. Röhl, 168 S., 8 Farbtafeln, 17 Zeichnungen, Pappband.
DM 19,80/S 159.–

Die Kunst des Stillens
nach neuesten Erkenntnissen
(0701) Von Prof. Dr. med. E. Schmidt/
S. Brunn, 112 S., 20 Fotos und Zeichnungen, kart. **DM 9,80**/S 79,–

Wenn Sie ein Kind bekommen
(4003) Von U. Klamroth, Dr. med.
H. Oster, 240 S., 86 s/w-Fotos, 30 Zeichnungen, Pappband. **DM 24,80**/S 198.–

Vorbereitung auf die Geburt
Schwangerschaftsgymnastik, Atmung,
Rückbildungsgymnastik. (0251) Von
S. Buchholz, 112 S., 98 s/w-Fotos, kart.
DM 6,80/S 59.–

Wie soll es heißen?
(0211) Von D. Köhr, 136 S., kart.
DM 5,80/S 49.–

Das Babybuch
Pflege · Ernährung · Entwicklung. (0531)
Von A. Burkert, 128 S., 16 Farbtafeln,
38 s/w-Fotos, 30 Zeichnungen, kart.
DM 12,80/S 99.–

Wenn der Mensch zum Vater wird
Ein heiter-besinnlicher Ratgeber.
(4259) Von D. Zimmer, 160 S., 20 Zeichnungen, Pappband. **DM 19,80**/S 159.–

Mitmachen – die Umwelt retten!
Das Öko-Testbuch
Analysen und Experimente zur Eigen-
initiative. (4160) Von M. Häfner,
400 Farbfotos, 137 farbige Zeichnungen,
Pappband. **DM 39,**–/S 319.–

Die neue Lebenshilfe **Biorhytmik**
Höhen und Tiefen der persönlichen
Lebenskurven vorausberechnen und
danach handeln. (0458) Von W. A. Appel,
157 S., 63 Zeichnungen, Pappband.
DM 12,80/S 99.–

Vom Urkrümel zum Atompilz
Evolution – Ursache und Ausweg aus der
Krise. (4181) Von Jürgen Voigt, 188 S.,
20 Farb- und 70 s/w-Fotos, 32 Zeichnungen, kart. **DM 19,80**/S 159.–

Dinosaurier
und andere Tiere der Urzeit. (4219) Von
G. Alschner, 96 S., 81 Farbzeichnungen,
4 Fotos, Pappband. **DM 24,80**/S 198.–

Der Sklave Calvisius
Alltag in einer römischen Provinz 150 n.
Chr. (4058) Von A. Ammermann,
T. Röhrig, G. Schmidt, 120 S.,
99 Farbabb., 47 s/w-Abb., Pappband.
DM 19,80/S 159.–

ZDF · ORF · DRS
Kompaß Jugend-Lexikon
(4096) Von R. Kerler, J. Blum, 336 S.,
766 Farbfotos, 39 s/w-Abb., Pappband.
DM 39,–/S 319.–

Astrologie
Das Orakel der Sterne. (2211) Von
B. A. Mertz, 80 S., 42 Farb- und 15 s/w-
Fotos, Pappband. **DM 9,80**/S 85,–

Psycho-Tests
– Erkennen Sie sich selbst. (0710) Von
B. M. Nash, R. B. Monchick, 304 S.,
81 Zeichnungen, kart. **DM 16,80**/S 139,–

Falken-Handbuch **Astrologie**
Charakterkunde · Schicksal · Liebe und
Beruf · Berechnung und Deutung von
Horoskopen · Aszendenttabelle. (4068)
Von B. A. Mertz, 342 S., mit 60 er-
läuternden Grafiken, gebunden.
DM 29,80/S 239.–

Selbst Wahrsagen mit Karten
Die Zukunft in Liebe, Beruf und Finanzen.
(0404) Von R. Koch, 112 S., 252 Abb.,
Pappband. **DM 12,80**/S 99.–

Weissagen, Hellsehen, Kartenlegen . . .
Wie jeder die geheimen Kräfte ergründen
und für sich nutzen kann. (4153) Von
G. Haddenbach, 192 S., 40 Zeichnungen,
Pappband. **DM 19,80**/S 159.–

Frauenträume, Männerträume
und ihre Bedeutung. (4198) Von
G. Senger, 272 S., mit Traumlexikon,
Pappband. **DM 29,80**/S 239,–

Wahrsagen mit Tarot-Karten
(0482) Von E. J. Nigg, 112 S., 4 Farbtafeln, 52 s/w-Abb., Pappband.
DM 14,80/S 119.–

Aztekenhoroskop
Deutung von Liebe und Schicksal nach
dem Aztekenkalender. (0543) Von
C.-M. und R. Kerler, 160 S., 20 Zeichnungen, Pappband. **DM 9,80**/S 79.–

Was sagt uns das Horoskop?
Praktische Einführung in die Astrologie.
(0655) Von B. A. Mertz, 176 S., 25 Zeichnungen, kart. **DM 9,80**/S 79.–

Das Super-Horoskop
Der neue Weg zur Deutung von Charakter,
Liebe und Schicksal nach chinesischer
und abendländischer Astrologie. (0465)
Von G. Haddenbach, 175 S., kart.
DM 9,80/S 79.–

**Liebeshoroskop für die
12 Sternzeichen**
Alles über Chancen, Beziehungen, Erotik,
Zärtlichkeit, Leidenschaft. (0587) Von
G. Haddenbach, 144 S., 11 Zeichnungen,
kart. **DM 7,80**/S 69.–

Die 12 Sternzeichen
Charakter, Liebe und Schicksal. (0385)
Von G. Haddenbach, 160 S., Pappband.
DM 12,80/S 99.–

**Die 12 Tierzeichen im chinesischen
Horoskop**
(0423) Von G. Haddenbach, 128 S.,
Pappband. **DM 9,80**/S 79.–

Sternstunden
für Liebe, Glück und Geld, Berufserfolg
und Gesundheit. Das ganz persönliche
Mitbringsel für Widder (0621), Stier
(0622), Zwillinge (0623), Krebs (0624),
Löwe (0625), Jungfrau (0626), Waage
(0627), Skorpion (0628), Schütze
(0629), Steinbock (0630), Wassermann
(0631), Fische (0632) Von L. Cancer,
62 S., durchgehend farbig, Zeichnungen,
Pappband. **DM 5,**–/S 39.–

So deutet man Träume
Die Bildersprache des Unbewußten.
(0444) Von G. Haddenbach, 160 S.,
Pappband. **DM 9,80**/S 79,–

Die Familie im Horoskop
Glück und Harmonie gemeinsam erleben
– Probleme und Gegensätze verstehen
und tolerieren. (4161) Von B. A. Mertz,
296 S., 40 Zeichnungen, kart.
DM 19,80/S 159,–

Erkennen Sie Psyche und Charakter
durch **Handdeutung**
(4176) Von B. A. Mertz, 252 S., 9 s/w-
Fotos, 160 Zeichnungen, Pappband.
DM 36,–/S 298,–

Falken-Handbuch
Kartenlegen
Wahrsagen mit Tarot-, Skat-, Lenormand-
und Zigeunerblättern. (4226) Von
B. A. Mertz, 288 S., 38 Farb- und
108 s/w-Abb. Pappband.
DM 39,–/S 319.–

I Ging der Liebe
Das altchinesische Orakel für Partner-
schaft und Ehe. (4244) Von G. Damian-
Knight, 320 S., 64 s/w-Zeichnungen,
Pappband. **DM 29,80**/S 239,–

Wenn die Schwalben niedrig fliegen
Bauernregeln
(2208) Von G. Haddenbach, 80 S.,
52 Farbfotos, Pappband.
DM 9,80/S 85,–

FALKEN VERLAG

14

Die Preise entsprechen dem Status beim Druck dies[...]

Bauernregeln, Bauernweisheiten, Bauernsprüche
(4243) Von G. Haddenbach, 192 S.,
62 Farbabb. 9 s/w-Fotos, 144 s/w-Zeichnungen, Pappband. **DM 29,80**/S 239.–

Computer

Computer Grundwissen
Eine Einführung in Funktion und Einsatzmöglichkeiten. (4302) Von W. Bauer,
176 Seiten, 193 Farb- und 12 s/w-Fotos,
37 Computergrafiken, kart.,
DM 29,80/S 239.–
(4301) Pappband, **DM 39,–**/S 312.–
Einführung in die Programmiersprache BASIC. (4303) Von S. Curran
und R. Curnow, 192 S., 92 Zeichnungen,
kart. **DM 19,80**/S 159.–
Lernen mit dem Computer. (4304)
Von S. Curran und R. Curnow, 144 S.,
34 Zeichnungen, Spiralbindung,
DM 19,80/S 159.–
Computerspiele, Grafik und Musik
(4305) Von S. Curran und R. Curnow,
147 S., 46 Zeichnungen, Spiralbindung.
DM 19,80/S 159.–
dBase III
Einführung für Einsteiger und Nachschlagewerk für Profis. (4310) Von
J. Brehm, G. A. Karl, 211 S., 23 Abb.,
kart. **DM 58,–**/S 460,–
Das Medienpaket
Buch und Programmdiskette „dBase III"
zusammen (4312) **DM 98,–**/S 784,–
**Grundwissen
Informationsverarbeitung**
(4314) Von H. Schiro, 312 S., 59 s/w-Fotos, 133 s/w-Zeichnungen, Pappband.
DM 58,–/S 460,–
Heimcomputer-Bastelkiste
Messen, Steuern, Regeln mit C 64-,
Apple II-, MSX-, TANDY-, MC-, Atari- und
Sinclair-Computern. (4309) Von G. A. Karl,
256 S., 160 Zeichnungen, kart.
DM 39,–/S 319,–
Drucker und Plotter
Text und Grafik für Ihren Computer.
(4315) Von K.-H. Koch, 192 S., 12 Farbtafeln, 5 s/w-Fotos, kart.
DM 39,–/S 319,–
**Textverarbeitung mit Home- und
Personal-Computern**
Systeme – Vergleiche – Anwendungen.
(4316) Von A. Görgens, 128 S., 49 s/w-Fotos, kart. **DM 29,80**/S 239,–

Software

Maschinenschreiben
in 10 Tagen spielend gelernt.
Von Bernhard Hoppius. (7008) Diskette
für den C 64 und C 128 PC. **DM 49,80**
unverb. Preisempf.). (7009) für IBM u.
compatible, **DM 79,–** (unverb. Preisempf.). (7010) für Schneider CPC 464,
664, 6128, **DM 69,–** (unverb. Preisempf.).
The Grammar Master
englische Grammatik üben und
beherrschen.
(7002) C 64-Diskettenversion, **DM 49,80**

Lernhilfen

**Deutsch für Ausländer im
Selbstunterricht**
Ausgabe für Jugoslawen
(0261) Von I. Hladek und E. Richter,
132 S., 62 Zeichnungen, kart.
DM 9,80/S 79.–
Deutsch – Ihre neue Sprache.
Grundbuch (0327) Von H.-J. Demetz und
J. M. Puente, 204 S., mit über 200 Abb.,
kart. **DM 14,80**/S 119.–
Glossar Italienisch
(0329) Von H.-J. Demetz und
J. M. Puente, 74 S., kart.
DM 9,80/S 79.–
In gleicher Ausstattung:
Glossar Spanisch (0330)
DM 9,80/S 79.–
Glossar Serbokroatisch (0331)
DM 9,80/S 79.–
Glossar Türkisch (0332)
DM 9,80/S 79.–
Glossar Arabisch (0335)
DM 9,80/S 79.–
Glossar Französisch (0337)
DM 9,80/S 79.–
**Das Deutschbuch
Ein Sprachprogramm für Ausländer,
Erwachsene und Jugendliche.**
Autorenteam: J. M. Puente,
H.-J. Demetz, S. Sargut, M. Spohner.
Grundbuch Jugendliche
(4915) Von Puente, Demetz, Sargut,
Spohner, Hirschberger, Kersten,
von Stolzenwaldt, 256 S., durchgehend
zweifarbig, kart. **DM 19,80**/S 159.–
Grundbuch Erwachsene
(4901) Von Puente, Demetz, Sargut,
Spohner, 292 S., durchgehend zweifarbig, kart. **DM 24,80**/S 198.–
Arbeitsheft
zu Grundbuch Erwachsene und Jugendliche, (4903) Von Puente, Demetz,
Sargut, Spohner, 100 S., durchgehend
zweifarbig, kart. **DM 16,80**/S 139.–
Aufbaukurs
(4902) Von Puente, Sargut, Spohner,
232 S., durchgehend zweifarbig, kart.
DM 22,80/S 182.–
**Lehrerhandbuch Grundbuch
Erwachsene**
(4904) 144 S., kart. **DM 14,80**/S 119.–
**Lehrerhandbuch Grundbuch
Jugendliche**
(4929) 120 S., kart. **DM 14,80**/S 119.–
Lehrerhandbuch Aufbaukurs
(4930) 64 S., kart. **DM 9,80**/S 79.–
Glossare Erwachsene:
Türkisch
(4906) 100 S., kart. **DM 9,80**/S 79.–
Englisch
(4912) 100 S., kart. **DM 9,80**/S 79.–
Französisch
(4911) 104 S., kart. **DM 9,80**/S 79.–
Spanisch
(4909) 98 S., kart. **DM 9,80**/S 79.–
Italienisch
(4908) 100 S., kart. **DM 9,80**/S 79.–
Serbokroatisch
(4914) 100 S., kart. **DM 9,80**/S 79.–
Griechisch
(4907) 102 S., kart. **DM 9,80**/S 79.–
Portugiesisch
(4910) 100 S., kart. **DM 9,80**/S 79.–

Polnisch
(4913) 102 S., kart. **DM 9,80**/S 79.–
Arabisch
(4905) 100 S., kart. **DM 9,80**/S 79.–
Glossare Jugendliche:
Türkisch
(4927) 104 S., kart. **DM 9,80**/S 79.–
Italienisch
(4932) Von A. Baumgartner, 104 S., kart.
DM 9,80/S 79.–
Spanisch
(4933) Von M. Weidemann, 104 S., kart.
DM 9,80/S 79.–
Serbokroatisch
(4934) Von M. Vuckovic, 104 S., kart.
DM 9,80/S 79.–
Griechisch
(4936) Von Dr. G. Tzounakis, 112 S., kart.
DM 9,80/S 79.–
Tonband Grundbuch Erwachsene
(4916) Ø 18 cm. **DM 125,–**/S 1.000.–
Tonband Grundbuch Jugendliche
(4917) Ø 18 cm. **DM 125,–**/S 1.000.–
Tonband Aufbaukurs
(4918) Ø 18 cm. **DM 125,–**/S 1.000.–
Tonband Arbeitsheft
(4919) Ø 18 cm. **DM 89,–**/S 712.–
Kassetten Grundbuch Erwachsene
(4920) 2 Stück à 90 Min. Laufzeit.
DM 39,–/S 319.–
Kassetten Grundbuch Jugendliche
(4921) 2 Stück à 90 Min. Laufzeit.
DM 39,–/S 319.–
Kassetten Aufbaukurs
(4922) 2 Stück à 90 Min. Laufzeit.
DM 39,–/S 319.–
Kassette Arbeitsheft Grundbuch
(4923) 60 Min. Laufzeit.
DM 19,80/S 159.–
**Overheadfolien Grundbuch
Erwachsene**
(4924) 60 Stück **DM 159,–**/S 1.270.–
**Overheadfolien Grundbuch
Jugendliche**
(4925) 60 Stück **DM 159,–**/S 1.270.–
Overheadfolien Aufbaukurs
(4931) 54 Stück **DM 159,–**/S 1.270.–
Diapositive Grundbuch Erwachsene
(4926) 300 Stück **DM 398,–**/S 3.184.–
Bildkarten
zum Grundbuch Jugendliche und
Erwachsene. (4928) 200 Stück.
DM 159,–/S 1.270.–
Arbeitshefte für ausländische Jugendliche in der Berufsvorbereitung
**Fachsprache im projektorientierten/
fachübergreifenden Unterricht
Metall 1**
(4937) Von S. Sargut, M. Spohner, 96 S.,
30 Farbfotos, 100 Zeichnungen, kart.
DM 14,80/S 119.–

Maschinenschreiben für Kinder

(0274) Von H. Kaus, 48 S., farbige Abb.,
kart. **DM 5,80**/S 49,–
So lernt man leicht und schnell

Maschinenschreiben

Lehrbuch für Selbstunterricht und Kurse.
(0568) Von J. W. Wagner, 112 S.,
31 s/w-Fotos, 36 Zeichnungen, kart.
DM 19,80/ S 159.–

Maschinenschreiben durch Selbstunterricht

(0170) Von A. Fonfara, 84 S., kart.
DM 5,80/S 49.–

Stenografie leicht gelernt

im Kursus oder Selbstunterricht. (0266)
Von H. Kaus, 64 S., kart.
DM 6,80/S 59.–

Buchführung

leicht gefaßt. Ein Leitfaden für Hand-
werker und Gewerbetreibende. (0127)
Von R. Pohl. 104 S., kart.
DM 7,80/S 69.–

Buchführung leicht gemacht

Ein methodischer Grundkurs für den
Selbstunterricht. (4238) Von D. Machen-
heimer, R. Kersten, 252 S., Pappband.
DM 26,80/S 218,–

Schülerlexikon der Mathematik

Formeln, Übungen und Begriffserklärun-
gen für die Klassen 5–10. (0430) Von
R. Müller, 176 S., 96 Zeichnungen, kart.
DM 9,80/S 79.–

Mathematik verständlich

Zahlenbereiche Mengenlehre, Algebra,
Geometrie, Wahrscheinlichkeitsrech-
nung, Kaufmännisches Rechnen. (4135)
Von R. Müller, 652 S., 10 s/w- und
109 Farbfotos, 802 farbige und 79 s/w-
Zeichnungen, über 2500 Beispiele und
Übungen mit Lösungen, Pappband.
DM 68,–/S 549.–

Mathematische Formeln für Schule und Beruf

Mit Beispielen und Erklärungen. (0499)
Von R. Müller, 156 S., 210 Zeichnungen,
kart. **DM 9,80**/S 79.–

Rechnen aufgefrischt

für Schule und Beruf. (0100) Von
H. Rausch, 144 S., kart. **DM 6,80**/S 59.–
Mehr Erfolg in Schule und Beruf

Besseres Deutsch

Mit Übungen und Beispielen für Rechtschreibung, Diktate, Zeichensetzung,
Aufsätze, Grammatik, Literaturbetrach-
tung, Stil, Briefe, Fremdwörter, Reden.
(4115) Von K. Schreiner, 444 S.,
7 s/w-Fotos, 27 Zeichnungen, Pappband.
DM 29,80/S 239.–

Richtiges Deutsch

Rechtschreibung · Zeichensetzung ·
Grammatik · Stilkunde. (0551) Von
K. Schreiner, 128 S., 7 Zeichnungen, kart.
DM 9,80/S 79.–

Diktate besser schreiben

Übungen zur Rechtschreibung für die
Klassen 4–8. (0469) Von K. Schreiner,
152 S., 31 Zeichnungen, kart.
DM 9,80/S 79.–

Aufsätze besser schreiben

Förderkurs für die Klassen 4–10. (0429)
Von K. Schreiner, 144 S., 4 s/w-Fotos,
27 Zeichnungen, kart. **DM 9,80**/S 79.–

Deutsche Grammatik

Ein Lern- und Übungsbuch. (0704) Von
K. Schreiner, 112 S., kart.
DM 9,80/S 79,–

Besseres Englisch

Grammatik und Übungen für die Klassen
5 bis 10. (0745) Von E. Henrichs, 144 S.,
DM 12,80/S 99,–

Richtige Zeichensetzung

durch neue, vereinfachte Regeln. Erläuterungen der Zweifelsfragen anhand vieler
Beispiele. (0774) Von Prof. Dr. Ch. Stetter,
160 S., kart. **DM 9,80**/S 79,–

Bestellschein

Erfüllungsort und Gerichtsstand für Vollkaufleute ist der jeweilige Sitz der Liefer-
firma. Für alle übrigen Kunden gilt dieser Gerichtsstand für das Mahnverfahren.
Falls durch besondere Umstände Preisänderungen notwendig werden, erfolgt
Auftragserledigung zu dem bei der Lieferung gültigen Preis.
Ich bestelle hiermit aus dem Falken-Verlag GmbH, Postfach 11 20,
D-6272 Niedernhausen/Ts., durch die Buchhandlung:

_____ Ex. _____

_____ Ex. _____

_____ Ex. _____

_____ Ex. _____

Name: _____

Straße: _____ Ort: _____

Datum: _____ Unterschrift: _____